部活動の不思議を語り合おう

長沼 豊

ひつじ書房

はじめに

　日本の教育の特徴とも言うべき部活動。多くの生徒が参加し成果を上げている。しかしその成果と比例して教員の負担も相当なものだ。朝練があれば12時間労働は当たり前。勤務時間外であっても残業代は出ない。つまりサービス残業だ。土日には試合や大会引率もある。その手当は4時間以上の勤務で日当3600円。6時間なら時給換算で600円といったところか。
　さすがに辛い。
　そこで2015（平成27）年の暮れ、「部活動の顧問を選択制にしてほしい」という文部科学大臣あての署名運動がSNS投稿サイトTwitter（以下ツイッター）とWEBサイトで始まった。30代の現役教員6人による。彼らはツイッターで知り合い準備を進め、change.orgという署名専門の団体のWEBサイトを活用して署名を始めた。その冒頭には以下のように書かれている。

　　ある教師の声
　　100連続勤務達成。2014年の休日は7日間でした。全ては部活動のせい。ストレスなのか疲れなのか、最近心臓がバクバクなって頭に血が上った状態になる。病院に行く暇

は皆無。
　日本の文化として、私たちの身近な存在である部活動。学生時代に、土日も祝日も部活動に懸命に打ち込んだ方も多いことと思います。
　今日の部活動は教育課程外の活動ですが、その教育的な効果を期待されるあまり、活動内容や教員の責任が拡大し、過熱の一途をたどっています。
　しかし、その部活動の指導は、教師のボランティアによって行われているという事実をご存知でしょうか。さらに、ボランティアであるはずの部活動の指導は全員顧問制度という慣習のもとに教師に強制されており、過重労働によって様々な不幸が起こっているのです。
　堺市で当時26歳だった熱血先生が過労死した事件は記憶に新しいことでしょう。（以下、略）

　現場の教員らしく切実感を持った意志表示で問題を提起した。情報はWEB上で拡散し、約2万3千人の署名を集め、翌2016（平成28）年3月3日に文部科学省に提出した。その際に付き添ったのが私（長沼）である（その経緯は本文で）。
　なぜ部活動は今のようなシステムになったのか？　なぜ多くの教員が当たり前のように顧問を引き受けているのか？　なぜ残業代が出ない仕組みなのか？
　当たり前だと思ってきた事象を、当たり前でないと見ることによって、疑問が次々と出てくる。こうした疑問に答えようと調べれば調べるほど、部活動には多くの矛盾が潜んでいることに気づかされる……不思議な世界！

そこで、その不思議な世界の不思議さを書き尽くして、これから部活動について考える、協議する、議論する、実践する人々の役に立ちたいと考えた。部活動を巡る課題を整理し、そのあり方を分析・考察し、改革のための提案をしたい。本書はそのような動機から執筆したものである。

　本書を故前田大仁教諭に捧げたいと思う。

目　次

はじめに …………………………………………………… iii

1. いま部活動は……………………………………………… 1
   ① 部活動の実態…………………………………………… 1
   ②「部活問題対策プロジェクト」との出会い ………… 4
   ③ それは「部活教」……………………………………… 7
   ④ 堺市の熱血先生の死…………………………………… 9
   ⑤ 本書の特徴と構成……………………………………… 13

コラム1　長沼と部活動（生徒・学生時代）「自主性とは何か」の巻 …… 15

2. 部活動の何が不思議か　～さまざまな課題と矛盾～ …… 17
   (1) 教員の勤務実態と部活動 ……………………………… 17
       ① 過労死ラインを超える残業時間……………………… 18
       ② 5教科よりも長い部活動の時間……………………… 19
       ③ 9割近い教員が過労死ライン………………………… 23
       ④ 大幅な残業が常態化…………………………………… 29
       ⑤ 部活動過重負担への声………………………………… 33
       ⑥ 過重負担への声を分析すると………………………… 36
   (2) 部活動の目的・目標を巡って ………………………… 45
       ① 教育活動 vs. 選手育成 ……………………………… 45
       ② 学習指導要領における位置づけは曖昧……………… 47
       ③ 勝利至上主義への傾倒………………………………… 51
       ④ 時間は際限なくできるという魔力…………………… 53
       ⑤ 部活動の教育的意義を問い直す……………………… 55
       ⑥ 手段としての部活動…………………………………… 58

vii

(3) 教員の労働と部活動 …………………………………… 62
　　　① 教員の勤務はどうなっているのか？ ………………… 63
　　　② 残業代はどうなっているか？ ………………………… 66
　　　③ 顧問はボランティアではない ………………………… 69
　　　④ 働き方改革における課題 ……………………………… 71
　　　⑤ 教員は部活動中に居なければならないのか？ ……… 76
　　(4) 生徒の強制入部の問題 ………………………………… 79
　　　① 1980年代の生徒指導の影響 …………………………… 79
　　　② 部活動でクラブ活動の代替とする措置の影響……… 82
　　　③ クラブ活動の廃止の影響 ……………………………… 84
　　　④ 高圧的な指導のなぜ？ ………………………………… 85

　コラム2　長沼と部活動（中学校教員時代）「熱血BDKが新しい部を創る」
　　　　　　の巻 …………………………………………………………… 88

3. 多様な立場から見た部活動 ……………………………………… 91
　　(1) 「〇〇の立場」から見た部活動 ……………………… 92
　　　① 生徒の立場から見た部活動 …………………………… 92
　　　② 教員の立場から見た部活動 …………………………… 93
　　　③ 保護者の立場から見た部活動 ………………………… 93
　　　④ 校長の立場から見た部活動 …………………………… 94
　　　⑤ 外部指導員から見た部活動 …………………………… 95
　　　⑥ 教員の家族から見た部活動 …………………………… 95
　　　⑦ 部活動を推進したい人々の立場から見た部活動…… 96
　　　⑧ 文科省・教育委員会から見た部活動 ………………… 98
　　　⑨ そして… ……………………………………………… 99
　　(2) 部活動研究の動向 ……………………………………… 100
　　(3) 部活動改革に関するWEBサイトの動向 …………… 105

　コラム3　長沼と部活動（大学教員時代）「顧問を拒否する」の巻 ……… 116

4. 部活動改革への道筋 ………………………………………… 119
  (1) 動き出した 2016 年（部活動改革元年）……………… 119
     ① 要望書・署名の文科省への提出 ……………………… 119
     ② その後の社会的動向 …………………………………… 122
     ③ 長沼はどう動いたか？ ………………………………… 132
  (2) 今後の改革の可能性 ……………………………………… 142
     ① 教員の顧問選択制は可能か？ ………………………… 142
     ② 生徒全員加入制の廃止は可能か？ …………………… 145
     ③ 学校から地域への全面移行は可能か？ ……………… 148
     ④ 部活動指導員の定着は可能か？ ……………………… 149
  (3) 持続可能な部活動へ向けた展望 ………………………… 156
     ①「多治見方式」から学ぶ ……………………………… 156
     ② 発展型としてのクラブ活動の導入 …………………… 157
     ③ 段階的な改革プログラム ……………………………… 160
     ④ 今後の展望 ……………………………………………… 160

おわりに ………………………………………………………………… 167

1. いま部活動は

①部活動の実態

　私が2017（平成29）年2月9日にNHKの「視点・論点」という番組に出演した時に紹介した、ある中学校教員の生活の実態である。

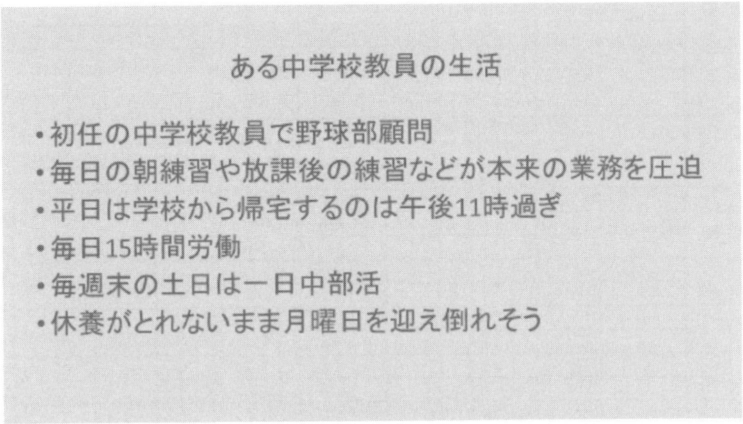

> **ある中学校教員の生活**
> - 初任の中学校教員で野球部顧問
> - 毎日の朝練習や放課後の練習などが本来の業務を圧迫
> - 平日は学校から帰宅するのは午後11時過ぎ
> - 毎日15時間労働
> - 毎週末の土日は一日中部活
> - 休養がとれないまま月曜日を迎え倒れそう

図1-1　ある中学校教員の生活（筆者作成）

　15時間労働ということは7時間の時間外労働。これは週に35時間、月に120時間ということになる。月80時間の時間外労働がいわゆる過労死ラインであるから、これを大幅に超えている。異常な世界である。「倒れそう」という表現は決して

大袈裟なものではない。ただし、この計算には土日の分を加味していないから実際の時間外労働はさらに多い数字になる。そんなに多いのかと思いたくなるが、実在するのである。

次はツイッターに投稿された高校教員の1ヶ月の勤務実態である。約190時間の時間外労働である。

2017年4月度

日	曜日	出勤	退勤	休憩(分)	勤務時間	残業時間	有給	備考
1	土	07:15	19:00	0	11.75	11.75		
2	日	07:00	18:00	0	11.00	11.00		
3	月						○	
4	火	08:00	21:15	60	12.25	4.25	○	
5	水	07:15	21:30	60	13.25	5.25	○	
6	木	08:00	23:45	60	14.75	6.75	○	
7	金	07:15	21:45	60	13.50	5.50	○	
8	土	07:15	18:30	0	11.25	11.25		
9	日	08:15	17:15	0	9.00	9.00		
10	月	07:15	00:15	60	16.00	8.00	○	
11	火	07:15	22:30	60	14.25	6.25	○	
12	水	07:15	00:45	60	16.50	8.50	○	
13	木	07:30	22:00	60	13.50	5.50	○	
14	金	07:15	21:00	60	12.75	4.75	○	
15	土	07:30	10:00	0	2.50	2.50		
16	日	07:15	17:00	0	9.75	9.75		
17	月	07:30	17:00	60	8.50	0.50	○	
18	火	07:15	20:15	60	12.00	4.00	○	
19	水	07:15	21:00	60	12.75	4.75	○	
20	木	07:15	21:30	60	13.25	5.25	○	
21	金	07:15	21:00	60	12.75	4.75	○	
22	土	08:15	20:00	0	11.75	11.75		
23	日	07:30	18:30	0	11.00	11.00		
24	月	07:15	20:00	60	11.75	3.75	○	
25	火	07:15	20:15	60	12.00	4.00	○	
26	水	07:15	19:15	60	11.00	3.00	○	
27	木	07:15	20:15	60	12.00	4.00	○	
28	金	06:30	17:00	60	9.50	1.50	○	
29	土	10:30	20:15	0	9.75	9.75		
30	日	10:00	18:00	0	8.00	8.00		
標準勤務時間 160.00時間 (20日)					338.00	186.00	0.0	
メモ欄:								

2017/04/01 - 2017/04/30

図1-2 ある高校教員の4月の勤務実態（筆者入手）

担任、教務、部活動顧問の業務でこうなっているという。私の中学校教諭経験からも一年のうち4月は特に多忙ということは理解しているが、それでもこの数字は相当に多い。（平日の休憩時間は便宜的に60分としているが規定の休憩時間は45分であるから、平日の勤務時間はこれより15分長いという。）よく見ると退勤時刻が24時（午前0時）以降の日も散見される。やはり異常である。

同様の声はまだまだ沢山ある。

> 年間で8日程しか休めない地獄を体験しました。家庭が壊れ授業や分掌業務も綱渡りで何とか生き延びたという体験は誰にもして欲しくありません。
> 部活のために連日の早朝出勤と深夜帰宅、盆・暮れ・正月以外は全土日祝も部活のために出勤や遠征引率を余儀なくされている先生方がいます。部活の顧問をすることはそういう生活をするということなのです。青少年と接している先生方であるからこそ共稼ぎであっても祖父母世代に家事、育児、家庭教育を丸投げせずとも子どもを2〜3人は生み育てられる職業であって欲しい。部活未亡人・部活孤児・部活離婚などという言葉が聞かれなくなり、結婚や子育てを先生方に諦めさせない教育現場であって欲しいと思います。

なぜこのような異常な労働実態になってしまったのか、部活動とは何か。本書ではこの不思議な世界の実相と、問題解決に向けた種々の取り組みの経過について述べていく。

② 「部活問題対策プロジェクト」との出会い

　私が部活動の問題に本格的に取り組むようになった経緯についてお話ししたい。（この項は拙稿「部活動顧問の過重負担問題―部活動改革元年とこれから―」、「季刊教育法」192号、エイデル研究所、2017年、pp.32-39を出典とし一部加筆修正した）。

　2015（平成27）年の夏頃、ツイッターで情報収集・発信をしている私の目に飛び込んできたのは、投稿の中にある「部活動の顧問制度はおかしい」という言葉だった。最初の印象は「若い教員が勝手なことを言っている」というものだったが、その後の投稿を見ていくうちに、単なる愚痴やエゴではなく根拠をもって訴えていることが理解できた。既に内田良さんの『教育という病―子どもと先生を苦しめる「教育リスク」―』（光文社新書、2015年）が出版されており、その中でも部活動顧問の過重負担問題が触れられていたため、基盤となる知識は得ていたこともある。

　それらに触発されて、自分の過去の顧問の経験に基づいて理解するだけでなく、現在の若い教員が置かれている状況を踏まえて事象を捉えることが肝要であると考えた。感情レベルで切実な訴えを理解しつつ、理性的にも意志と主張を受け止めることができたのである。その理解が確信へと変わったのは、教員6人が2015（平成27）年12月に「部活問題対策プロジェクト」（http://www.geocities.jp/bukatumondai/）を立ち上げ、顧問選択制の実現を求めて文部科学省に要望書を出す、そのために署名活動を行うという投稿を見た時だった。ツイッターでよく見かける愚痴話ではなく、本気で改革を望んでいること、そ

の切実さと気概を感じて、応援したいと思ったのである。年末に彼らにメッセージを送ったのをきっかけにツイッター上での会話が始まった。6人のツイッターでの名前（当時のもの）は本間大輔、Y子、藤野悠介、神原楓、真由子、ゆうけんである（敬称略）。以下各人のツイッターのプロフィールから私が抜粋して紹介する。

　本間大輔（本名　小阪成洋）さんはプロジェクトの代表で、社会との接続を視野に入れながら部活動や教育を考えたいと考えている。中村由美子（Y子）さんは体育科教員（中学校）。勤務時間内は生徒のために、勤務時間外（土日）は家族のために精一杯向き合うことを実践中。藤野悠介さんは太平洋側の某県で働く英語科教員。「生徒の心に火をつけるブログ」で教員の働き方について鋭く追及している。神原楓さんは中学校教員。法的根拠から部活動のシステムの理不尽さを指摘している。真由子さんは中学校教員。公立中学校の部活制度のおかしさについて考えるブログの主。ライブドアブログ OF THE YEAR 2015 話題賞を受賞。ゆうけんさんは中学校教員。教育環境の改善を目指し、過熱した部活動の問題をブログなどで指摘している。

　この6人とは2016（平成28）年の年始になって頻繁にやりとりをするようになり、文部科学省（以下、文部科学省を文脈で文科省と表記した箇所もある。）に提出する要望書の内容について助言を求められるようになった。私はこれまで学習指導要領の作成を含め文部科学省に関与してきたこともあり、どのようにアプローチすればよいのか、どこの部署に出せばよいのかについての知識があったからである。また、提出先になる部

署の人を知っていたということもある。

　私の助言の骨子は「単なるエゴだと思われないように、総合的な戦略にする（顧問選択制が導入された時の代替措置も合わせて提案していく）」「文科省に敵対するような内容ではなく、文科省の施策も理解した上で、それらと整合性のある提案にすれば受け入れてくれやすい」というものだった。

　前者は顧問を選択しない教員がいる場合に外部指導者を含めた何らかの手当をする必要性があるため、顧問選択制とセットにした方策も提案しておくことである。後者は文部科学省がチーム学校など教員を支援する取り組みを始めようとしており、それと連動する形で提案することである。財務省への予算請求の材料にしてもらうことで文部科学省の施策を後押しして実現してもらうことである。さらには当時中央教育審議会が次期学習指導要領の策定に向けた協議を始めており、学習指導要領とその解説に何らかの記述を求めることも肝要であると考えた。

　メンバーは、これらの助言を理解し受け止めてくれ、要望書の内容を修正してくれたり、宛先を追加してくれたりした。有り難いことである。

　2016（平成28）年3月3日には顧問選択制についての要望書と署名を私が付きそう形で提出した。その際、私が連絡しておいたこともあって、関連する6部署の担当官が勢揃いして、受け取ってくれた。このことはあまり語られていないが、これが2016（平成28）年に文部科学省が部活動について種々の対応をしていく契機になったのである。現にその後省内に解決のためのタスクフォースが設置され、一気に問題解決に向けた動きが加速していくことになる。朝日新聞が署名提出をいち早く

報道してくれたことも有り難かった。
　同プロジェクトはその後次々と運動を展開し、同年8月5日には生徒の強制入部反対の要望書と署名を文部科学省に提出し、さらに同年12月の中央教育審議会の答申案、2017（平成29）年2月の学習指導要領告示案に対するパブリックコメントでも、ツイッター等で呼びかけ部活動に関する要望を多数提出した。その結果、主な意見として取り上げられ、部活動の過重負担は認知されるようになった。
　2017（平成29）年3月にはそれまで私が同プロジェクトの「助言者的な存在」と言っていたものが、「顧問」という肩書きになった。この顧問就任には拒否権と選択権はなかったようである。不思議な世界である。

③それは「部活教」

　「皆さんが中高の教員になったら部活動の指導は当たり前です」「特に若い教員は運動部を任せられるので頑張ってください」「自分の経験した種目でなくても、一からルールを覚えてください」「私は同時に3つの部の顧問をやりました。生徒との触れ合いが大切です」
　これは私が2015（平成27）年まで大学の教職課程（中高の教員養成）の授業で話していた内容である。かつて13年間中学校のBDK（部活大好き教員）だったこともあり、全く疑うことなく部活動顧問としての指導の重要性を学生たちに説いていた。もちろん顧問就任拒否とかブラック部活動という言葉は私の辞書にはなかった。（なおBDKは部活大好き教員と部活だけ教員の2つの意味で用いられる。）

そのような私の考え方と姿勢を変えたのは先に述べた部活問題対策プロジェクトの30代の教員である。今まで当たり前だと思っていたことに疑問を持つというのは、なかなかあることではないし勇気がいる。コペルニクス的転回と言ってもよい。だが不思議なもので、ひとたび「当たり前が当たり前ではない」と思うと、そちらが自然になった。2016年の授業からは、部活動顧問の過重負担についてという内容に変わった。
　正直に言えば懺悔の気持ちもある。
　私の授業を受けて、部活動顧問をやらねばならぬ、大学でもそのように指導を受けたとして、顧問の過重負担を今でも背負っている卒業生がいるからである。古くはない事例として、ある部の副顧問になった卒業生は顧問の理不尽な指導に悩まされて病気になってしまったこともある。間違った教えを講じてしまった卒業生のためにも私の残りの人生は罪滅ぼしのために部活動顧問の過重負担問題に取り組むと決めた2016年であった。
　当たり前のこととして疑わないということは、強く信じているということである。ある私の知人は「部活教」と呼ぶ。「部活動は価値ある活動であり教員は顧問を担当して当たり前（拒否など論外）」という宗教は熱烈な信者を迎え入れる。特に部活動で成長した、いい教育を受けた、いい先生と出会ったという経験のある者ほど盲目的に信じると思われる。本来中学・高校は教科別の教員免許なのだが、部活動の指導をしたい（入信したい）という動機で中学・高校の教員を目指す学生をこれまでに何人も見てきた。まさに部活動の過重負担が50年かけて出来上がってきた仕組みだとすると、それを厭わないという

人々によって再生産されているということに着目しなければならない。しかしそれは持続可能な仕組みであるとは言いがたい。

　さらに言えば、顧問教員が過重負担を改善しようとして休養日を増やそうとすると、待ったをかけるのは同僚だけではない。保護者の中にも部活動の価値を大切にしている「部活教」の信者が多数存在するからである。この教員と保護者により作りあげられてきた強固な仕組みは、信じて疑わない人々の宗教観によって支えられてきたと言えるだろう。

　この部分を読んでいて「宗教弾圧」だと怒りを覚えている信者もいるに違いない。それくらい部活動は、人々から愛され、信じられ、意義のあるものとして推進しなければならないものとして受け入れられているということだろう。したがって、この問題を解決するのは容易なことではない。顧問教員の過重負担であることはわかっていても、それを許容し、価値を信じている人々が多数いるからであり、解決のためには意識改革が必要だからである。私も熱烈な信者だったからよく理解できる。不思議な世界である。

④堺市の熱血先生の死

　2011（平成23）年6月、堺市の教諭・前田大仁さんが亡くなった。忘れてはならない。長くなるが、朝日新聞2015（平成27）年3月3日の記事（大阪版）を一部引用する。

　　命削った「熱血先生」

　　堺市立中の26歳「死亡は労災」認定

2011年に26歳で亡くなった堺市の市立中学校の教諭について、地方公務員災害補償基金が公務災害（労災）による死亡と認定していたことがわかった。「熱血先生」と慕われ、市教育委員会の教員募集ポスターのモデルにもなった。強い使命感の一方、授業や部活指導などに追われ、体がむしばまれたとみられる。多くの新人教諭らが教壇に立つ春、市教委は再発防止に力を入れる。

　亡くなったのは理科教諭だった前田大仁さん。教諭2年目の11年6月、出勤前に倒れた。死因は心臓の急激な機能低下だった。10年春に赴任し、1年目は1年生、2年目は2年生を担任し、女子バレー部の顧問も務めていた。
　同基金は昨年11月に仕事が原因の過労死と認定した。資料によると、同僚教員の証言などを元に推計した前田さんの死亡直前3ヶ月の校内でも残業時間は月61〜70時間だった。国の過労死認定基準（2ヶ月以上にわたり月平均80時間以上）を下回る数値だったが、残された授業や部活の資料などから、「（一人暮らしの）自宅でも相当量の残業をこなしていた」と判断した。
　生前、仕事の多さなどを聞いていた遺族が公務災害を同基金に申請。教育方法などを相談されていた姉（35）は「弟は熱血教師だった。使命感と責任感が強かったため、担任と顧問の両方を任されたのかも知れないが、わずか2年目の未熟な教師でもあったと思う。学校全体でもサポートしてもらえていたら、死を避けられたかもしれない」と話す。遺族の代理人で、過労死に詳しい松丸正弁護士は

「公立学校の教諭で、残業時間の全容が判明しない中での過労死の認定は異例だ」としている。

　堺市教育委員会は、「改めて、心よりお悔やみを申し上げます。（認定を）真摯に受け止め、再発防止に向け、一層、労働安全衛生対策の推進に努めて参ります」とコメントした。

こだわりの手書き　びっしり

「出会えてよかったと思ってもらえる教員になりたい」。亡くなる直前の春、前田さんは、堺市教委の教員募集ポスターやパンフレットに取り上げられ、熱い思いを語っていた。「私自身は理科が大好きで、この気持ちを一人でも多くの子どもに伝えたいと思い、教員をめざしました」ともつづっている。

前田さんの死後、生徒に配っていた授業のプリントや、メッセージと連絡事項を記す「学級通信」が家族に戻された。プリントには写真や自筆のイラストをふんだんに盛り込んでいた。

姉によると、「温かみが伝わる」と前田さんは手書きにこだわっていたという。前田さんにはテニス経験はあるが、バレーの経験はなかった。テニス部への顧問替えも望んだが実現せず、バレー部員に的確な指導をしたいと専門書を読み込み、休日には地域のバレー教室に通っていたという。

約20人のバレー部員と交わしていた「クラブノート」には、「暗い表情をしては駄目！　どんな時も明るく自信を持って」「ボールの強さに負けて上体を後ろにそらさないこと」など、励ましや助言の言葉がびっしり。前田さんはこうした作業を主に自宅でしていたとみられる。

ノートの最後のページには、前田さん急死の知らせに接した部員たちの悲痛な言葉が記されている。「何で先生なんですか？　何でよりによって先生なんですか？　○○（名前）たちが先生に無理させていたんですか？　めっちゃ謝るし、これからの練習もめっちゃ真面目にするんで、戻っ

てきて下さいよ！」

　戻ってきて下さいという言葉が切ない。このような思いを生徒にさせてはならない。本件の場合、部活動だけが死因とはいえないが、部活動が労働量の多くを占めていたことが推定される。自分の専門ではないバレーボールを学び、専門的な助言が出来るように努力していたことが記事からわかるからである。このような「教員の善意」によって支えられているのが現在の部活動の仕組みであるということを、まずはしっかり認識しておきたい。前田さんのような教員は全国に沢山いるし、換言すればいつ過労死してもおかしくない状況にあるとも言える。電通どころではないというのが実態なのだ。前田さんのことは部活動の過重負担問題に取り組む際に忘れてはならないと思う。

　（なお、記事の掲載にあたっては故前田大仁教諭のご遺族の承諾を得た。この場を借りて御礼を申し上げたい。）

⑤本書の特徴と構成
　これまで述べてきたように、私は大学教員の肩書きはあるが、自らも顧問経験があり、かつてのBDKだった。したがって部活動顧問の過重負担問題に取り組むのも、研究者としての視点もあるが、当事者としての経験もふまえ、改革のための指針を考えるという活動家としての使命によるもの、という面も多分にある。その意味では、これまで出版されてきた研究者による本とは少し異なる性格をもっている。種々のデータも重視して述べるが、感情レベルで語ることの多い世界を、各々の立場になって主観的に考えてみることも大切であると考えた。

そこで、まず次の 2.「部活動の何が不思議か　〜さまざまな課題と矛盾〜」では、部活動の不思議さの諸相をさまざまな角度から考える。ここでは教員の勤務実態、部活動の目的・目標、生徒の強制入部の問題などについて、その実態を把握する。

　続く 3.「多様な立場から見た部活動」では、生徒、教員、保護者、校長、外部指導員、教員の家族、部活動を推進したい人々、文科省・教育委員会の 8 種類の人々から見ると部活動はどのように見えるのかについて、私が各々の立場になりきって一人称で記述してみたい。そのことを通して、複雑に絡まっている部活動の不思議さは、立場によって見解が異なるからであることを浮き彫りにする。

　その上で 4.「部活動改革への道筋」では、私が「部活動改革元年」と呼ぶ 2016（平成 28）年の動向を詳しく紹介し、今後の改革の方向性を考える。持続可能な部活動へ向けた展望と提案も行う。

　全体を通して、部活動の世界の不思議さを確認し、複雑に絡まった状況を整理し、問題解決の難しさと可能性を把握することに貢献できればよいと考えている。

> **コラム1**

長沼と部活動（生徒・学生時代）「自主性とは何か」の巻

　私は中学1年から高校1年までバスケットボール部に所属していた。当時のスポーツは野球が花形だったので、当初野球部を希望して入学したが、同じクラスの西田くんの猛烈な勧誘にあい、バスケットボール部に入部した。自主性というのは、そんなものである。誘われてということもある。もちろん最終判断したのは自分だが。

　部活動は大好きだった。BDS（部活大好き生徒）である。中3の時には副キャプテンになり試合ではレギュラーだった。中3になるまではサボることも覚えていて、不真面目な時もあった。中学の部活動は、先輩・後輩の関係が小学生の時と異なり、異様な世界であるなとは感じていた。

　反抗期ということもあり、何だか妙な関係性というのに反抗して高1の途中で辞めてしまった。今から考えると妙だったのは自分で、妙な判断をしてしまったと思うが、それも自主的だった。その時は、たしか社会人の監督さんからは慰留を受けたが、先生や先輩、同級生から妙な慰留を受けるということはなかった。私の自主性を尊重してくれていたのだと思う。ただ今となって思うことだが、当時もし強い慰留を受けていたら考え直していたのかもしれない。

　しばらく悶々とした生活を過ごしていたが、高校2年生になって先生からボランティア活動をしている社会問題研究会というのがあると聞いて飛びついた。小さい子どもと遊ぶ活動を

していると聞いて魅力を感じたからだ（教員を目指していたので）。もちろん自主的な入部である。まさかこの決断が私の人生を大きく変えるとは思ってもみなかった。その後ボランティア学習論で修士論文、博士論文を執筆し、研究の分野に進んだのもボランティアが契機だったからである。自ら考えて行動するという「自主的、自発的」（←どこかで聞いたような）なボランティアの考え方に陶酔し、さまざまなボランティア活動を仲間とともに展開した。先輩から引き継いだ福祉施設での活動、募金活動、ユネスコ高校生全国大会への参加などなど、ありとあらゆる活動にのめり込んでいった。そう、スポーツではないが全国大会に行ったのである。高3の時は副大会実行委員長も務めた。

　大学時代には、先輩から引き継いだ高校生・大学生ボランティア交流会という団体に所属し、福祉施設での活動を続けた。リーダーとして色々な大学、高校から集まってくる会員をまとめるのは大変だったが、ここでの経験がその後の人生での肥やしになっていたと思う。人生とは不思議なものである。なお、ボランティア活動の詳しい経験談は私の著書をご覧いただきたい。

2. 部活動の何が不思議か
〜さまざまな課題と矛盾〜

(1) 教員の勤務実態と部活動

　まずは教員の勤務実態、とりわけ部活動顧問のそれはどうなっているのだろうか？

　今から20年前、運動部の場合ではあるが、1997（平成9）年の文部省「運動部活動の在り方に関する調査研究報告」によれば、中学校では72.4％が週6〜7日活動し、高校では77.8％が週6〜7日活動していることがわかっている。

　それらの実態をふまえ、報告では「中学校の運動部では、学期中は週当たり2日以上の休養日を設定」「高等学校の運動部では、学期中は週当たり1日以上の休養日を設定」「練習試合や大会への参加など休業土曜日や日曜日に活動する必要がある場合は、休養日を他の曜日で確保」「長くても平日は2〜3時間程度以内、休業土曜日や日曜日に実施する場合でも3〜4時間程度以内で練習を終えることを目処」と提言している。この提言の通り部活動が運用されていれば、前章で見たような過酷な労働に教員が携わることはなかったはずである。

　諸外国でも日本のように学校で行う部活動のようなものはアジア諸国にあることはあるが、これほどまでに時間をかけて、過熱して行うものは例がない。部活動の仕組みはきわめて日本

的であり、文化として学校に根付いているという表現が当てはまるのではないだろうか。

そこでまずはその過熱ぶりを、近年の教員の勤務実態、特に部活動顧問のそれとの関係が深いデータを紹介し、実態把握をしていくことにしよう。

①過労死ラインを超える残業時間

2014（平成 26）年の OECD による国際教員指導環境調査（TALIS）によると、日本の教員の 1 週間当たりの勤務時間は参加国最長（日本 53.9 時間、参加国平均 38.3 時間）で、このうち教員が授業の指導に使ったと回答した時間は参加国平均と同程度である一方、課外活動（スポーツ・文化活動）の指導時間が特に長い（日本 7.7 時間、参加国平均 2.1 時間）という結果が出た。

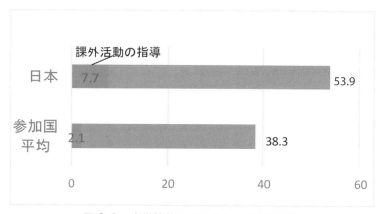

図 2-1　中学校教員の週あたりの仕事時間
（出典：OECD 調査結果（2014 年）を基に筆者作成）

週53.9時間というのは一日換算11時間弱であり、これはあくまでも平均値であるから、実際には1．で述べた教員のように15時間労働の教員もいる。仮に一日12時間労働、つまり4時間の残業とすれば週20時間、月80時間の残業となり、いわゆる過労死ラインに達している。（なお過労死ラインとは、健康障害のリスクが高まるとされる目安で、健康障害の発症前2～6か月間に1か月あたり約80時間を超える時間外労働がある場合、または発症前1か月間に100時間を超える時間外労働がある場合を指す。）企業等に適用される労働基準法36条に記された「三六協定」（45時間を超えると違法とされ労働基準監督署の指導が入る）により守られることもなく、生徒のためにというお題目のもとで、サービス残業を強いられているというのが中学・高校の教員の勤務実態である。

　しかもあとで述べるが残業代は一切出ない。何時間働いても固定給、部活動顧問として長時間勤務してもサービス残業である。また、土日に4時間程度部活動の指導や引率をしても、自治体にもよるが日額3600円が支給される程度である。6時間働いた場合、時給に換算すれば600円である。ブラック企業（社員に低賃金で過酷な労働を課す企業）という言葉があるが、学校の教員は業界全体で「ブラック学校」「ブラック部活顧問」といえる状態になっているのである。教員のワークライフバランスを考え、"働き方改革"を進めなければならない。

②5教科よりも長い部活動の時間
　2016（平成28）年12月、スポーツ庁が全国の国公私立中学を対象にした「全国体力・運動能力、運動習慣等調査」（全

国体力テスト）で部活動について追加質問し9534校が回答した結果を公表した。

　全国規模の実態調査は貴重である。部活動の顧問を原則全教員が務めることにしている学校が87.5％、希望者が務めることにしている学校は5.3％だったこと、一週間の運動部活動の時間は全国平均で男子が約935分、女子が約949分であること、学校のルールとして週1日の休養日を設けている学校は54.2％、週2日は14.1％、休養日を定めていない学校は22.4％、土日に休養日を設けていない学校は42.6％だったことなどがわかった。

　この結果は大々的に報道され、部活動を巡る過酷な状況が多くの国民に伝わった。同時に、それが全国データで示されたという点で評価できるものである。スポーツ庁はこの結果をふまえ、2017年度に全国の中学高校計200校以上を対象に部活動の詳細な実態調査を実施し、適切な練習時間や休養日の設定を明記する新たな指針を定めることにするという。本腰を入れて改革に乗り出していることが伝わってくる取り組みである。オリンピック・パラリンピックの自国開催が迫る中、スポーツ庁が積極的に関与することは意義があるが、選手養成に特化した形でデータが利用されることがないよう今後チェックしていく必要がある。

　以下は、毎日新聞の記事（2016（平成28）年12月15日）である。

　http://headlines.yahoo.co.jp/hl?a=20161215-00000088-mai-soci

〈中学・全国調査〉部活休み、定めず2割…教員負担減進まず
◇全員顧問9割

　部活動の休養日を設けていない中学校が2割以上あり、原則としてすべての教員が部活動の顧問をしている中学が9割近くに達することが、スポーツ庁が15日公表した調査結果で分かった。教員の負担軽減のため文部科学省は部活動の休養日設定を求めてきたが、徹底されていない実態が裏付けられた。

　全国の国公私立中学を対象にした2016年度の「全国体力・運動能力、運動習慣等調査」（全国体力テスト）で部活動について追加質問し、9534校が回答した。休養日の設定についての調査は初めて。

　学校のルールとして週1日の休養日を設けている学校は54.2％で、週2日は14.1％。休養日を定めていない学校は22.4％あった。土日に休養日を設けていない学校は42.6％だった。

　部活動の顧問については、原則全教員が務めることにしている学校が87.5％もあり、希望者が務めることにしている学校はわずか5.3％だった。

　部活動は学習指導要領で「生徒の自主的、自発的な参加により行われる」と定められている。しかし、過度な練習による子供の疲労やけがのほか、土日の練習や試合で顧問にも大きな負担がかかる現状が問題になっていた。

　旧文部省は休養日について1997年に「中学校は週2日以上」「高校は週1日以上」と目安を示したが、現場に浸透しなかった。このためスポーツ庁は17年度に全国の中

学高校計200校以上を対象に部活動の詳細な実態調査を実施し、適切な練習時間や休養日の設定を明記する新たな指針を定める。

　この調査結果で私が注目したいのは1週間の運動部の活動時間が全国平均で男子が約935分、女子が約949分であることである。これを教科の授業など教育課程内の学習の1週間の時間数と比較するとどうなるだろうか？ 学校教育法施行規則に定められた中学校の授業時数の全てを合計すると、どの学年も年間で1015時間である（図2-2参照）。中学校の授業は年間で35週あるから1週間では29時間である。月曜日から金曜日までの5日間、一日6時間の授業を受けると30時間であるから、それより時間割にして1コマ少ないことになる。

区分		第1学年	第2学年	第3学年
各教科の授業時数	国語	140	140	105
	社会	105	105	140
	数学	140	105	140
	理科	105	140	140
	音楽	45	35	35
	美術	45	35	35
	保健体育	105	105	105
	技術・家庭	70	70	35
	外国語	140	140	140
特別の教科である道徳の授業時数		35	35	35
総合的な学習の時間の授業時数		50	70	70
特別活動の授業時数		35	35	35
総授業時数		1015	1015	1015

図2-2　中学校の授業時数

（出典：学校教育法施行規則2017年）

ただし、中学校の1単位時間は50分であるから1週間の授業時間を分に換算すると1450分である。女子の場合運動部の活動時間は約949分であるから、全授業の合計時間数と比べて約3分の2の時間を部活動に費やしていることになる。別の言い方をすると学校生活のうち60％が授業、40％が部活動にあてられているのである。

　さらに、国語・社会・数学・理科・外国語の5教科と比較してみよう。1年生と2年生では5教科の合計は各々630時間、週あたりにすると18時間（50分換算で900分）、3年生では5教科の合計は665時間、週あたりにすると19時間（50分換算で950分）である。つまり、中学生の運動部の週あたりの活動時間は、3年生では5教科とほぼ同じ、1年生と2年生では5教科よりも多いのである。3年間で合計してみると、5教科の授業の合計時間数よりも部活動の合計活動時間の方が多いということになる。

　こうなると「学校とは何か？」という疑問を抱かざるをえない。運動部に所属している中学生は学校に行って何をしているかと言えば、4割は部活動に費やし、そしてそれは5教科の授業よりも多い生活なのだということになる。

③9割近い教員が過労死ライン

　2016（平成28）年12月に連合総研が発表した「「日本における教職員の働き方・労働時間の実態に関する研究委員会」報告書」によると、中学校教員の1日の平均在校時間は12時間10分であること、週60時間以上働いている教員の割合は87％であることがわかった。週60時間の勤務は、月に換算す

ると残業が 80 時間以上となるから、9 割近い教員が、いわゆる過労死ラインを越えて働いているということになる。
　以下はそれを報道した読売新聞 2017（平成 29）年 1 月 26 日の記事である。http://headlines.yahoo.co.jp/hl?a=20170125-00050163-yom-soci

　　教員の 1 日の平均在校時間は中学校が約 12 時間 10 分、小学校が約 11 時間半に上ることが、連合総研の調査でわかった。
　　連合総研は「民間の労働者に比べてもかなり長く、改善が必要だ」としている。
　　2015 年 12 月、全国の公立小中高校、特別支援学校の約 5000 人を対象にした調査によると、中学校教諭の平均出勤時刻は午前 7 時 25 分、退勤は午後 7 時 37 分。小学校は午前 7 時 31 分に出勤し、午後 7 時 4 分に退勤していた。
　　午前 7 時以前に出勤する割合は小学校で 7.0％、中学校で 12.5％。中学校が早いのは、運動部の練習に顧問として参加しているためとみられる。退勤も運動部の顧問は遅い傾向があり、中学の顧問の 50.3％が午後 8 時以降に退勤していた。顧問ではない中学教員は午後 8 時前に 78.9％が帰宅していた。

　この報告書の中で、部活動に関わる部分をいくつかピックアップしてみる。
　まずは、部活動顧問の担当状況を男女別にまとめている。こ

れによると「女性教諭に比べて男性教諭は運動部活動の顧問を担当する。さらに男性教諭と比べて女性教諭は文化部の顧問を担当する、あるいは部活動顧問を担当しない傾向が読みとれる。「運動部顧問」を担当している中学校教諭は、男性が86.9％であるのに対して、女性は55.6％にとどまった」（報告書p.29）となっており、回答者の教員という限定ではあるが、運動部の顧問は男性のほうが女性よりも約30ポイント多いことがわかった。（図2-3）

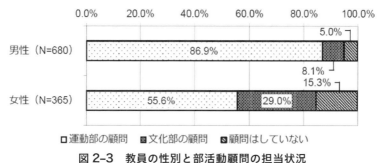

図2-3　教員の性別と部活動顧問の担当状況
（出典：「「日本における教職員の働き方・労働時間の実態に関する研究委員会」報告書」連合総合生活開発研究所、2016年12月、p.29）

　次に、中学校教員の出勤時刻を部活動の担当別に見たものがある（報告書p.33）。これによると、運動部顧問の半数に近い47.8％が7時半以前に出勤していた（文化部顧問は26.8％、顧問していないは15.6％）。朝練の影響であることは言うまでもない。（図2-4）

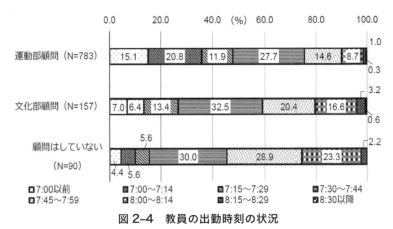

図 2–4　教員の出勤時刻の状況

(出典：「「日本における教職員の働き方・労働時間の実態に関する研究委員会」報告書」連合総合生活開発研究所、2016年12月、p.33)

　続いて、中学校教員の退勤時刻を部活動の担当別に見たものがある（報告書p.35）。これによると「部活動顧問を担当していない教諭に比べて、部活動顧問を担当している教諭、特に運動部活動の顧問をしている教諭の退勤時刻が相対的に遅かった。運動部顧問の50.3％、文化部顧問の44.6％が20時以降に退勤していた。これに対して顧問をしていない教諭で20時以降に退勤する教諭の割合は21.2％にとどまった」となっている。出勤時刻と比較すれば運動部顧問と文化部顧問の差は顕著ではないが、明らかに顧問なしの教員と比べて遅い退勤時刻になっていることがわかる。（図2–5）

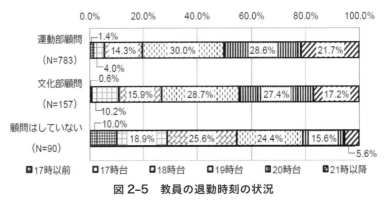

図 2–5　教員の退勤時刻の状況

(出典:「「日本における教職員の働き方・労働時間の実態に関する研究委員会」報告書」連合総合生活開発研究所、2016 年 12 月、p.35)

　以上のことから、日本の中学校の教員の出退勤時刻を規定しているのは部活動顧問の担当の有無ということになる。そして特に運動部の場合には男性教員の割合が多いが、朝練の影響から出勤時刻が早くなっていることがわかった。

　最後に、興味深いものとして部活動には関係しないが、小中学校の教員の労働時間を他の職業のそれと比較したデータが掲載されていることである。

　「小中学校教諭ともに、週の労働時間が「50 時間未満」の該当者がいなかった。小学校教諭の 72.9 ％で週の労働時間が「60 時間以上」であり、27.1 ％が「50 時間以上 60 時間未満」であった。中学校教諭についても、86.9 ％が週の労働時間は「60 時間以上」であり、13.1 ％が「50 時間以上 60 時間未満」であった。」(報告書 p.36)

　図 2–6 を見ればわかる通り、多忙だとされる医師ですら週の労働時間が 60 時間以上は 40.0 ％である。中学校教員の異常

性が浮き彫りになった調査結果だった。

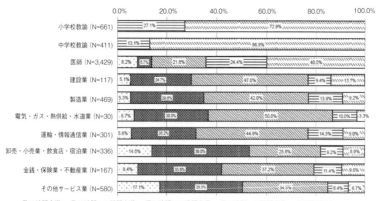

図 2-6　小中学校教員と他の労働者との労働時間の比較

（出典：「「日本における教職員の働き方・労働時間の実態に関する研究委員会」報告書」連合総合生活開発研究所、2016 年 12 月、p.36）

　この報告書を読むと、部活動の問題は教員の労働問題としても捉えられることがよくわかる。

④大幅な残業が常態化

　2017（平成29）年4月、文部科学省が「教員勤務実態調査（平成28年度）の集計（速報値）について」を発表した。この中から本書の内容に関連するものをピックアップしてみよう。

　まず、1日当たりの勤務時間（平日・教諭）（調査結果 p.9）は、小学校11時間15分、中学校11時間32分で、10年前と比較して各々43分、32分の増加であった。連合総研の調査結果とは数値が異なるが、大幅な残業が常態化し10年前よりも悪化していることがわかる。職種別で最も過酷だったのは副校長・教頭で小中ともに12時間を超えていた。小学校よりも中学校の方が多いのは部活動顧問によるものであると推測できる。（図2-7）

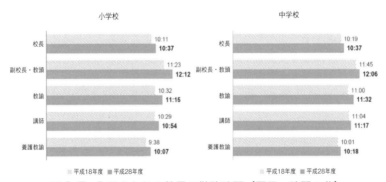

図2-7　1日あたりの教員の勤務時間（平日　時間：分）

（出典：「教員勤務実態調査（平成28年度）の集計（速報値）について」文部科学省2017年4月）

次に土日の場合（教諭）（調査結果 p.10）であるが、小学校で1時間7分、中学校で3時間22分となっている。10年前と比較して各々49分、1時間49分の増加である。小学校と中学校を比較した場合、教諭と講師で突出して中学校が多いことから、土日の部活動が大きく影響していると考えられ、10年前と比較しても肥大化していることがわかる。（図2–8）

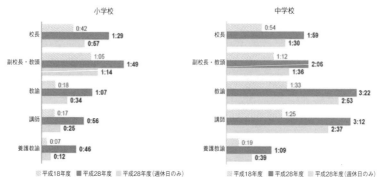

図2–8　1日あたりの教員の勤務時間（土日　時間：分）
（出典：「教員勤務実態調査（平成28年度）の集計（速報値）について」文部科学省 2017年4月）

次に1週間の総勤務時間（調査結果 p.14）であるが、過労死ラインを超える週60時間以上勤務の割合は小学校で33.5％、中学校で57.6％である。連合総研の調査結果と異なる数値ではあるが、中学校においては教員の半数以上が過労死ラインを超えて勤務していることがわかった。「不思議」を通り越して「異常」な世界である。（図2–9）

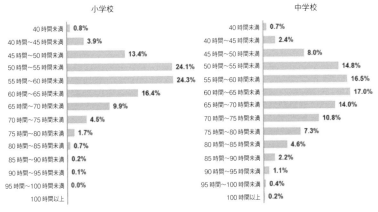

図 2-9　1 週間あたりの総勤務時間

（出典：「教員勤務実態調査（平成 28 年度）の集計（速報値）について」文部科学省 2017 年 4 月）

　中学校の部活動に関する結果（調査結果 p.22）も公表されている。「部活動の活動日数が多いほど学内勤務時間が長い」と示されており、中学校の勤務時間を引き上げているのは部活動であることが明確になった。特に週 7 日部活動がある場合が突出して長いことがわかる。（図 2–10）

　また、担当する部活動の種類別のデータも公表された。これによると平日の勤務時間は陸上部の 1 時間 10 分、野球部、サッカー部の各 50 分が多く、美術部 29 分などとの差はあるものの土日の差ほどではない。土日はバレーボール部 3 時間 17 分が最長で、野球部 3 時間 13 分、サッカー部 3 時間 6 分と続く。運動部は 1 時間台、2 時間台のものとさまざまであるが、かなり土日の活動が常態化しているものと推測できる。文化部は吹奏楽部の 2 時間 42 分が突出しており、その他は 1 時

間にも満たない。

　ちなみに中学校の土日の部活動にかかる1日あたりの勤務時間（調査結果 p.20）は 10 年前の 1 時間 6 分から 2 時間 10 分と倍増しており、部活動による教員の過重負担が増大してきていることがわかった。

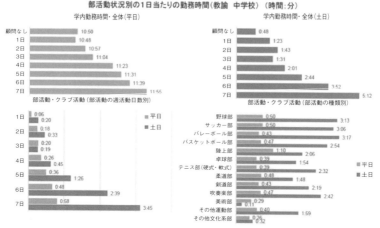

図 2-10　中学校教諭の勤務時間と部活動との関係
（出典：「教員勤務実態調査（平成 28 年度）の集計（速報値）について」文部科学省 2017 年 4 月）

　文部科学省の調査結果からは、中学校教員の部活動の過重負担が 10 年前と比較してますます増大していること、過労死ラインを超えて勤務している教員が半数を超えていることなどがわかった。このまま放置しておいてよい問題ではないことが理解できるだろう。

⑤部活動過重負担への声

　私は、文部科学省に顧問選択権に関する要望書を提出した部活問題対策プロジェクトの顧問をしており、同省への提出にも同行したため署名に関わるデータを保持している。そこで2016（平成28）年3月3日の要望書提出時のデータのうち署名に賛同した人々の自由記述の内容を紹介する。部活動顧問の選択制に賛同している人の意識から、教員の過重負担の実態を探った論考（出典は拙稿「教員の職務の過重負担とその要因について―部活動を題材に―」、「学習院大学　教育学・教育実践論叢第3号」2017年、pp.95–110）から抜粋する。

　自由記述2959件のうち解析可能なデータは2951件で、記述者の種別内訳は（a）教員・教員経験者511件、（b）生徒36件、（c）保護者94件、（d）教員の親族・友人186件、（e）教員志望・教員養成49件、（f）塾講師・外部指導者10件、（g）一般・不明2065件である。この分類は同会の小阪成洋さんが行った。

　どのような記述があったのか記述者の種別ごとに確認してみる。(a) 教員・教員経験者の記述例は既に引用したので、ここでは他の種別の記述例を挙げる。

(b) 生徒

　「わたしも中学のころ部活動にはお世話になりました。考えてみれば顧問の先生は本当に大変だったはずです。もちろん好きなことを善意で教えていただくのは頭がさがります。しかし、その善意を強制しなければならない状態が本当なら、明らかに異常な状態ではないでしょうか。」

(c) 保護者

「高校生の子供ですが、やはり長期休暇も土日も部活ばかり。好きで入部したのですが、やはり体が悲鳴をあげています。隙を見て整形外科に通いながら。他にも顧問と生徒とのトラブルもあります。部活によるメリットはたくさんありますが、どうしてもここまでやる必要があるのだろうか？ といつも思っていました。先生や生徒の負担を減らすためにも、是非署名に参加させていただきたいと思います。」

(d) **教員の親族・友人**

「主人が教員です。部活を拒否できない為、年間休日は10日程度。勤務も毎日7時半から22時。もちろん残業代なんてありません。有給休暇が取れるわけでも、土日に学校説明会などで代休になったとしても、授業があったり部活があるので休めません。家族で過ごす時間がとれないのが目に見えてるので子供をなかなか作れないでいます。そして妻である私もかなり寂しい時間をすごしています。せめて、希望制に！！また、部活の顧問をしてくださる先生方にはそれ相応の給料を払うべきだと思います。ボランティアで部活を強制するのはおかしいです。」

(e) **教員志望・教員養成**

「教育大学に通っています。今3年生です。今までは部活を持つことに憧れていました。
生徒達と自分の好きなスポーツに熱中できることは素晴らしいと思っていました。しかし現実は違うことをこのサイトを見て知りました。まずは生徒にとっても"授業"が教師の役目ですよね。考えを改めさせられました。」

(f) 塾講師・外部指導者

「教員ももちろんですが、子供たちも部活に振り回されています。うちの教室に来ている子供たちの話を聞いていると、部活の後すぐに塾で22時頃まで勉強をし、帰ったら学校の宿題などしていたら寝るのは深夜1時～3時になってしまうそうです。そしてまた朝練で6時には起きなければならない。中高生でそんな睡眠時間、考えられません。こんなではどれもこれも中途半端になりますし、一体本当の目的はどこにあるのかも…私には何も見えてきません。逆に、部活に力を注ぎすぎる教員の意向で、あまりにも厳しくて辞めたくても、内申点に響くぞと脅されたりして辞めさせてもらえない場合もあります。誰の為の部活でしょうか。部活の目的ってなんなのでしょうか。どうか、根本から部活の在り方を考え直し、世の中全体で変わって欲しいと願います。」

(g) 一般・不明

「教師にとってブラックなだけでありません。本来ほとんどの教師は対象分野の素人さんです。だから優勝のためだけの即物的な指導になることが多くなります。そのせいで生徒は本物の深みを知らないまま燃え尽きて、その分野が嫌いになる現象までおきます。日本の部活は学校教育の中でしか通用しない世界になることが多く、教育の本来の目的を見失いがちです。まあ、一番いけないのは競技会やコンクールの在り方かもしれませんが。」

これらを見ると部活動顧問の過重負担の問題に対して記述者

の種別ごとに、各々の立場から実態の過酷さと解決を訴えていることがわかる。傾向としてはどのような記述が多かったのか、また記述者の種別ごとに特徴的な表現は何だったのだろうか。

⑥過重負担への声を分析すると

そこで、全体を通して自由記述にはどのような言葉が多かったのかについて、フリーソフトKH Coder ver.2.00fを用いて全ての記述を対象にしてテキストマイニングの分析を行った。

まず全ての記述文の頻出150語をリスト化したものが表2-1である。特に上位50語を見ることによって、どのような記述内容で多かったのかが理解できる。例えば「労働」412件、「強制」251件、「負担」224件などからは過重労働の実態が沢山述べられていることがわかる。「ボランティア」という語も198件あり、残業手当が出ない状況からそれをボランティアと表現していることがうかがえる。さらには「ブラック」190件の記述が過酷な労働実態であることを表した形になっている。

表2-1　全記述における頻出150語

抽出語	出現回数	抽出語	出現回数	抽出語	出現回数
部活	1607	高校	150	与える	80
活動	1426	本来	148	過労	78
教師	1286	運動	147	強い	78
思う	1164	生活	145	作る	75
部	1068	感じる	141	行く	74
教員	1039	練習	139	頑張る	72
顧問	872	人間	134	求める	72
先生	839	中学校	134	教える	72
生徒	832	現場	133	業務	72
指導	782	質	132	願う	71
学校	713	大変	130	犠牲	71
時間	710	出る	128	前	71

教育	698	家族	127	聞く	71
授業	440	働く	127	変える	71
労働	412	制度	125	疑問	70
問題	361	本当に	123	雇う	69
仕事	343	家庭	118	大きい	69
日本	336	行う	118	大切	69
必要	323	状況	116	若い	68
人	301	勉強	116	話	68
子ども	281	当たり前	115	多く	66
自分	271	知る	112	教職員	65
子供	269	外部	111	他	65
考える	255	経験	109	平日	65
強制	251	親	105	力	65
土日	243	責任	104	意味	64
専門	236	大会	103	毎日	64
多い	236	参加	101	公立	62
言う	230	準備	101	現在	61
スポーツ	224	出来る	99	受ける	61
負担	224	休む	95	全く	61
今	216	余裕	92	子	60
選択	210	精神	90	取る	60
環境	208	中学	89	心	60
ボランティア	198	当然	89	専念	60
賛同	198	学生	88	対応	59
勤務	192	企業	88	文科	59
ブラック	190	状態	88	関係	58
良い	190	自由	87	実態	58
休み	181	手当	86	希望	57
休日	177	試合	85	雇用	57
改善	176	管理	83	週	57
現状	173	時代	83	文化	57
地域	171	教科	82	システム	56
持つ	170	体育	82	出す	56
社会	170	担当	82	増える	56
保護	169	研究	81	年	56
残業	158	無い	81	変わる	56
見る	151	コーチ	80	結果	55
クラブ	150	国	80	健康	55

これらは自由記述の全体の傾向を表したものであるが、次に挙げるのは記述者の種別ごとの頻出語の出現率上位10語である（表2-2）。

表2-2　記述者の種別ごとの頻出語

教員／教員経験者		生徒		保護者		教員の親族・友人	
教員	.199	学生	.065	先生	.085	教師	.093
部活	.158	先生	.040	親	.082	部活	.075
活動	.158	中学	.040	子供	.071	友人	.074
部	.150	週	.039	保護	.065	土日	.072
指導	.137	時代	.037	子ども	.060	家族	.071
顧問	.136	楽しい	.037	娘	.060	時間	.068
時間	.120	今	.036	息子	.053	顧問	.068
生徒	.109	同期	.033	中学生	.051	休み	.067
自分	.095	後輩	.033	部活	.050	教員	.066
学校	.091	高校	.032	顧問	.049	高校	.052
教師志望／教員養成		塾講師／外部指導者		一般／不明			
目指す	.202	塾	.128	教師	.194		
大学	.095	宿題	.069	思う	.193		
教職	.087	目的	.059	先生	.138		
学部	.069	学習	.054	生徒	.134		
志望	.058	来る	.054	教育	.124		
大学生	.054	朝練	.042	学校	.112		
少し	.047	侮辱	.042	日本	.075		
諦める	.044	盛り上げる	.042	必要	.073		
不安	.041	ピアノ	.042	労働	.073		
少ない	.040	すり減る	.042	問題	.062		

　種別ごとに見てみると、まず（a）教員・教員経験者は当然のことながら本件を「自分」の問題として捉えていることがわかる。全体の上位語と似たような傾向になっているが、「時間」や「自分」という語を用いて表現しているのが特徴といえる。（b）生徒は中学生・高校生等であり、自らの体験を振り

返って記述している例が多いが、中でも「楽しい」という語が特徴的である。生徒の側から見れば部活動は楽しいものであったということもわかるのである。(c) 保護者は当然のことながら「子ども」「子供」の語が多く、親として子どものことを中心に部活動の実態を記述していることがわかる。(d) 教員の親族・友人には特徴的な語が並んでいる。「土日」も仕事で「休み」がない、「時間」もないということを訴えていることがわかる。(e) 教員志望・教員養成も特徴が見いだされる。「志望」「諦める」「不安」といった語が並んでいることから、目指している仕事である教員を不安視していることが読み取れる。(f) 塾講師・外部指導者は「塾」「宿題」「目的」といった語が並んでおり、他とはかなり違う傾向となっていることがわかる。(g) 一般・不明は「日本」「労働」「問題」といった語が特徴的である。一般的に見れば部活動顧問の選択制の背景にあるのは労働問題であるという捉え方であろうか。

　このように、記述者の種別によって使われている語に相違があり、部活動顧問の過重負担の問題は、当然ではあるが立場によって異なる視点から捉えられていることがわかった。

　以上の分析では語の頻出の度合いや出現率から傾向を探り、これにより記述内容のおおまかな傾向はわかったが、各々の語がどのような文脈で使用されているのかはわかりにくい。そこで次に、使われている語と語の結びつきの度合いを分析することで、頻出語がどのような意味で用いられているのかを考察する。まず共起ネットワークで示したものが図2–11である。この図では結びつきが強い語は近くに配置され、より太い線で結ばれている。次に、階層的クラスター分析を行った結果が次の

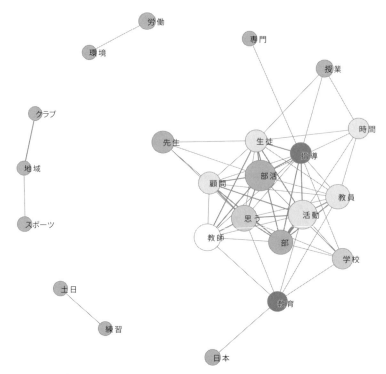

図 2-11　部活動についての頻出語の共起ネットワーク

図 2-12 である。(クラスター分析は結びつきの度合いの高い語をまとまりにして階層的に表示するものである。)

　全体は 9 つの群 (A～I) で構成されている。各群の下位群がある場合には B 1、B 2 等と表記しているが、同じ表記のものは他に比べて結びつきが強いことを表している。また語群の中のかっこで括った語同士は他の語よりも結びつきが強いことを表しており、右側の樹形図では結びつきが強い語群同士が線で結ばれている。

まず全体で見ると大別して2つによって構成されていることがわかる。A～B群とC～I群である。A～B群は他の群に比べて出現の度合いも高く、前述の全体の傾向（特に上位）とも一致している。A群の「活動」と「部」は「部活動」と表記されているものが大半ではあるが、各々単独で用いられる場合もあるため別の語として扱ったことから、結びつきが強い語同士として出現した。B群は当該問題を扱う際に必須の語ばかりで、前述した全体の頻出語の傾向とも一致している。種別では（a）教員・教員経験者と（g）一般・不明と合致していることがわかる。

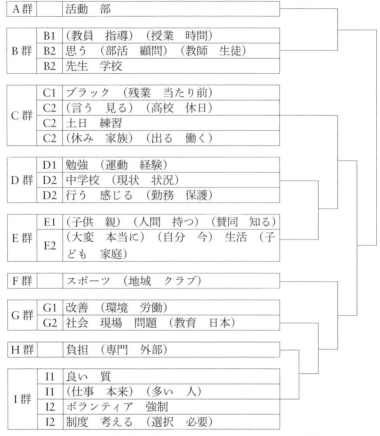

図2-12 階層的クラスター分析によるデンドログラム

　A群、B群は自明のものが多かった。むしろ特徴が現れるのはC群以降である。

　C群は頻出語の上位ではないものも出現しており興味深い結果が出た。「残業が当たり前になっておりブラックだ」、「土日も練習で休みの日でも家族をおいて働く」というように、労働

問題としての提起という面が強い。種別では（d）教員の親族・友人の頻出語と近い語群である。D群は「運動の経験は大切だが勉強も大切」「中学校の現状、勤務の状況について保護者から見て感じることがある」となるだろうか。種別ごとの特徴語にはあまり出てこなかった語群である。E群は「子供を持つ親として、この問題を知って署名活動に賛同する」「本当に大変な問題で、子どものいる家庭は今の自分の問題として考える必要がある」となり、（c）保護者の視点での記述が中心になっている語群であろう。F群は種別ごとの頻出語にはない語が現れた。「地域のクラブでスポーツ」となり、社会教育、社会体育で実施しているスポーツクラブのことを記述している。部活動を学校から切り離して外部化するという考え方もあり、解決策を提示した記述となっている。G群は「労働の環境を改善しよう」「日本の教育の問題で、現場から社会を考えよう」となるだろうか。種別では（g）一般・不明の頻出語が挙がっている。H群は「外部の専門家を招いて負担を減らそう」となり、外部指導者の招聘を進める提案として捉えることができる。どの種別の頻出語でもない語で構成されている。I群は「質を良くする必要があり、本来の仕事ではないことを任されている状態で、人を多く配置する必要がある」「ボランティアが強制されているのはおかしく、顧問の選択制は必要で、制度を考える必要がある」となるだろうか。制度改革の必要性を訴えている内容である。いずれも種別ごとの頻出語には挙がっていなかった語群である。

　語群ごとの解釈は以上であるが、先の頻出語分析だけでは見えなかった記述内容の特徴が見えてきた。記述者の種別ごとの

頻出語は種別（a）（c）（d）（g）で見られ、種別（b）（e）（f）は見られなかったが、これは回答者数の影響が大きいと考えられる。逆に種別ごとの頻出語では現れていなかった語がD群、F群、H群、I群で挙がっていたことも特徴である。頻出数は少ないものの同じパターンの記述が見られたことから語群として構成されていたからである。例えば「ボランティア」と「強制」が結びついて多く記述されていることや、地域のクラブのことが取り上げられていること等がわかった。

　さらに分析すると、これらは樹形図からC〜E群とF〜I群に大別される。前者を結びつきの度合いを考慮してまとめると「中学校の現状を考えると運動の経験など貴重ではあるが、実態は本当に大変で、土日も練習、残業が当たり前になっていてブラックだ」となる。後者も同様に行うと「教員の本来の仕事ではないのに、ボランティアが強制されている制度は考える必要があり、顧問の選択制は必要、外部の専門家を招くことで労働環境を改善し、地域のクラブなどでスポーツを行ってはどうか」となる。これが記述された全ての語のうち特徴的な語（および表現）を用いて記述内容の傾向を表現した一例である。顧問選択制の署名活動に賛同する人々の記述であるから、このようになるのは当然とも言えるが、顧問選択制に限らず、外部の専門家の支援や部活動の外部化にも言及されている点は興味深い。

　この分析で行ったように、部活動はそれに関わる立場によって、思いや願い、関わり方も異なるものである。本書では、各々の立場から見た部活動を 3. で掘り下げてみたい。

（2）部活動の目的・目標を巡って

　前の（1）では部活動顧問の教員の過重負担の実態を種々の調査結果等から確認した。全国の教員が相当困難な状況に置かれていること、10年前と比較して悪化していることがわかった。これほどまでに部活動が学校教育に影響を与え、教員の負担を増大させたのかと思わずにはいられない。ではなぜそうなってしまったのか？　部活動という不思議な世界のどこかどう不思議なのか？　いよいよ核心に迫っていきたい。

　そこで次に、そもそも部活動はどのような目的・目標があるのか、学校における位置づけはどうなっているのか、教育的意義は何か等について確認していこう。

①教育活動 vs. 選手育成

　部活動とは何か。

　学校教育の一環としての教育活動である以上、教育的意義がなければならないのは当然だろう。詳細は後で述べるが意義は沢山ある。意義がなければそもそも学校に存在しないはずである。

　では単純に教育活動であるというだけかというと、そうでもない。一般的に学校が社会に出てから貢献する人材を輩出するという機能を有している以上、部活動に関してもそのような機能が備わってくるのは必至である。事実、部活動で活躍して一流のアスリートになる人、トップレベルの奏者になる人、各界で活躍している人は枚挙にいとまがない。部活動がなければここまで有為な人材を輩出できたかというと疑問である。

つまり部活動は、その是非はともかく、スポーツや文化活動の各分野、各種目のエリートを発掘し、確実にトップレベルに引き上げ、活躍するための「装置」として機能してきたのである。この仕組みはそう簡単にはなくしたくないというのが、当該分野の育成にかかわる人々の本音であろう。その人々から見れば全国大会は必須であり、年齢が低い子どもたちも含め、選手育成の仕組みを部活動に求めるのが当たり前になっているのである。

　そこで、改めて学校で部活動を行う理由を考えてみよう。

　第1に、学校に施設・設備があるものは学校で出来る。そうでないもの、例えばアイススケートなどは学校の部活動ではなく、地域のクラブに入って選手になる。野球やサッカー、バレーボール、バスケットボールなど、場所と時間があればできるものは学校で出来る。

　第2に、集団で行うスポーツや文化活動の大半は学校の部活動で出来る。個人で行うもの、施設・設備がないものは学校以外、地域の団体が育成するということになる。高い楽器は学校では購入できないから、個人が高いレッスン料を払って育成する仕組みがある。学校で育成しやすいものとしては、野球、サッカー、バレーボール、吹奏楽など、地域で育成しやすいものとしてはフィギュアスケート、アイスホッケー、バイオリン、ピアノなどである。近頃話題の中学生プロ棋士・藤井聡太四段の将棋は、部活動でも出来るが、強くなるためには地域の将棋クラブの方がいいのだろう。

　第3に、学校には「子どものためなら」という言葉に弱い人たちがいる。経験したことのない種目でも子どものためなら

ルールブックと DVD で学習し、審判講習も受けてくれる素晴らしい人たちがいる。平日はサービス残業も OK、土日も含め選手育成をしてくれる。こんなオイシイ仕組みはないのである。ちなみに 2014（平成 26）年の日本体育協会の調査では、運動部活動の顧問の競技経験の有無は、中学校で「経験あり」47.9％、「経験なし」52.1％、高校では「経験あり」55.1％、「経験なし」44.9％である。つまり中高の教員の半数近くは競技経験のない運動部の顧問を担当しているのである。

　教育活動なのか？　選手育成なのか？　両方なのか？　このことが曖昧なままに選手育成の仕組みが出来上がっているのが実態である。

②学習指導要領における位置づけは曖昧

　そこで次に、部活動の目的・目標の曖昧さを生んでいる原因を考えていきたい（この項は拙稿「教員の職務の過重負担とその要因について　―部活動を題材に―」（前掲）を出典とし若干修正した）。

　部活動の教育課程（カリキュラム）における位置づけはどうなっているのか。2017（平成 29）年 3 月に告示された新しい中学校学習指導要領の総則には以下のように書かれている。

> 教育課程外の学校教育活動と教育課程の関連が図られるように留意するものとする。特に、生徒の自主的、自発的な参加により行われる部活動については、スポーツや文化、科学等に親しませ、学習意欲の向上や責任感、連帯感の涵養等、学校教育が目指す資質・能力の育成に資するもので

あり、学校教育の一環として、教育課程との関連が図られるよう留意すること。その際、学校や地域の実態に応じ、地域の人々の協力、社会教育施設や社会教育関係団体等の各種団体との連携などの運営上の工夫を行い、持続可能な運営体制が整えられるようにするものとする。

　これによると、部活動は生徒の自主的、自発的な参加によるものであり、生徒全員を強制入部させる必要はないこと、また部活動は学校教育の一環ではあるが教育課程との関連を図る活動、つまり「教育課程外の教育活動」であることがわかる。オプションなのである。にもかかわらず、多くの学校では長時間にわたる活動を行い、顧問教諭が指導にあたるというシステムが出来上がっている。全員顧問制の名の下で、顧問を引き受けることは当たり前というのが日本の学校（中高）の一般的な状況だ。
　この教育課程外の活動でありながら学校教育の一環として行うという曖昧さが、さまざまな矛盾を生んでいる。例えば部活動の指導は勤務時間内なのか外なのか。活動中に事故が起こった場合、通常学校は管理責任を問われる。ということは、そこに立ち会っている教員は勤務時間ということになる。しかし服務規程に定められた時間以外の場合は後述する「超勤4項目」ではないから勤務ではないということになる。また、顧問といいながら技術的な指導も求められる（コーチまたは監督業務も担う）という矛盾も多く見られる。しかも自身が経験したことのない種目を担当するという専門性を度外視したことが平気で行われている世界なのである。このような矛盾を抱えながら、

いわば教員の善意に依拠する形で部活動は継続されてきた。
　では、この曖昧さを生んだ歴史的背景は何か？
　部活動はもともと自由な活動として教育課程外で行われていたが、中学校学習指導要領1969（昭和44）年改訂、高等学校学習指導要領1970（昭和45）年改訂により教育課程内の特別活動に必修の「クラブ活動」が出来たことにより、部活動は選択制で教育課程外の活動であることが明確になった。戦後の部活動が教育課程内か外かが意識化されるのは、この時期に必修クラブが誕生してからである。
　その20年後の1989（平成元）年の学習指導要領改訂（中高）では、生徒が部活動に参加することにより必修クラブ活動に参加したとみなす「部活動代替措置」が実施された。学校週5日制の開始にともなって授業時数を削減することへの対応である。これにより多くの学校がこの措置を利用して部活動を必修化した（生徒も必修で教員も全員が担当する）。教育課程外の部活動に参加させることにより教育課程内のクラブ活動を履修したことにするという曖昧な措置が、今日に至る混迷の元凶の1つである。
　続いて中学校1998（平成10）年、高等学校1999（平成11）年学習指導要領改訂により教育課程の一部であり授業時間内に行われる必修クラブ活動は廃止され、教育課程外の部活動のみになった。学校スリム化（教育内容の大幅な削減）の趣旨に即して実施された措置である。部活動に関する記述は学習指導要領から消えたため部活動の内容、あり方等は完全に学校の自由裁量となった。ここで部活動代替措置もなくなったのであるが、ほとんどの学校では引き続き部活動を全員参加とする

措置をとった（現在でも一部の学校では全員参加を強制している）。背景としては社会問題化した校内暴力を抑制するために、問題行動を起こす生徒への強権的な指導の場として、生徒指導の機能をもった部活動が活用されたこともあった。それは朝から晩まで運動させ、問題を起こす生徒の居場所とすることで、学校外で暴れないようにするという対症療法的な生徒指導であった。彼らを参加させるためには部活動全員参加の原則が必要だった。この時点で教育課程の位置づけの曖昧さがそのまま担保されて部活動が継続されたことがわかる。教育課程外の活動であるにも関わらず生徒は全員参加、教員も全員顧問制が確立されたのである。ただし生徒の全員参加制はその後緩和され実施していない学校は多い。しかし教員の全員顧問制は維持、継続されてきたのである。

中学校2008（平成20）年、高等学校2009（平成21）年の学習指導要領改訂により部活動は総則で教育課程との関連が図られるものとして再び記述された。ここでも根本的な位置づけは変わらず、むしろ学習指導要領の法的拘束力と最低基準という性格（必ず実施しなければならないもの）を根拠として教育課程との関連を図った教育活動としてきちんと位置づけられることが明確になった。

各教科はもちろん、特別活動や総合的な学習の時間など教科外の活動についても、学習指導要領には各々の学習（活動）する内容は規定されている。しかし教育課程外の部活動についての記述は、先に述べた総則にある文章だけである。つまり活動する内容も方法も時間数も学校に任せられており、それは自主的、自発的なものだからである。

部活動の教育課程上における位置づけの曖昧さは、以上のような経緯で生じたのである。この曖昧さが要因となって部活動の内容も方法も時間数も歪んだものになっているという実態を次に述べることにしよう。

③勝利至上主義への傾倒
　まずは部活動の内容についてである。
　少し考えればわかるように、部活動で扱っている内容が競技性のあるものであれば大会で勝つことが目的の1つとなり、審査を受け順位が付くものであればコンクールで入賞することを目指すことは自然なこと、自明なことと言える。例えば私は中学生の時はバスケットボール部で活動し、中学校教員時代は副顧問も経験したが、バスケットボールは相手より多く点を取る競技性のあるスポーツである。点を取らなくてもいい、勝たなくてもいいと言われたらモチベーションが下がる。ほぼ全てのスポーツが当てはまるのではないか。例外としては、例えば私が勤務していた中学校の古武道部がそうではないか。必ずしも勝つことが目的ではなく、型を覚え己に打ち勝つことを目的としていたように思う（それでも級や段の昇格試験があったから、審査を受けるという点ではコンクールと似たような面があるだろう）。勝利を目指すことが目的となるのは運動部だけかと言うとそうではない。文化部でも例えば吹奏楽部のように全国大会を含めたコンクールの仕組みが出来上がっているものもある（ちなみに吹奏楽部はコンクール入賞のため過酷な練習をする学校もあることから運動系文化部、文化系運動部とも称される）。競技かるた部など競技性のあるものも文化部の中では

勝利を目指すことになる（ちなみに競技かるた部も瞬発力や筋力が必要なため運動系と称せられる。近年映画化された『ちはやふる』を観れば納得できる）。文化部の中で勝敗やコンクールに関係ないものは「ゆるい部活」と称せられるが、私の長男が所属していた美術部もそうだっただろう。好きな絵を描いていればそれでよいという感じだったが、それでも上野の美術館に展示されるコンクールに出品、入賞し励みになっていた。

　このように見てみると、多くの部活動が大会やコンクールと直接・間接に関わっていることがわかる。これは部活動に参加するモチベーションにもなっているわけである。勝つことや賞を得ることを目指すこと自体は悪いことではないだろう。「努力を惜しまず目標を目指す」というような教育的価値も見いだすことができるからである。学校で行う運動会もそうだ。まずは、そのことを確認しておきたい。部活動の魅力は、より高みを目指してみんなで努力することだろう。だからこそドラマが生まれる。かつてのテレビドラマ「スクール☆ウォーズ」（1984年〜1985年、実話を基にしたドラマ、ラグビー部の生徒たちと主人公の教員との交流を描いた）がその例である。

　問題なのは至上主義に陥り、勝つことや入賞することが主目的となり弊害を生んでいる場合だろう。一部の学校の一部の部活動に見られる状況である。具体的にはどのようなことか。

　第1に、勝つためにレギュラー主体の内容となり、そうでない生徒は奴隷のような状態に置かれるような場合で、生徒同士でもレギュラーの生徒が補欠の生徒をバカにするなどの行為が見られる状態である。かつて甲子園の常連だったＰＬ学園野球部には、相撲部屋と同じ「付き人」制度があったそうである。

第2に、試合に負けた場合に罵声を浴びせるような顧問や指導者がいる状態である。これも署名活動の自由記述に散見された。そもそもトーナメント形式の大会では優勝した学校以外全て「負けて終わる」という宿命がある。例えば甲子園大会の優勝が頂点だとして、仮に目指していた学校が全国に4112校あったならば4111校は負けで終わったのである。そのような宿命があるにも関わらず罵声とはいかがなものか。勝利至上主義に走るとプロセスや努力を適切に評価せず、ただただ勝ち負けに一喜一憂するようになる。私は「顧問は生徒が大会に出場したら、負けた時の指導助言の言葉を用意しておくとよい」と言っている。優勝した学校以外の全ての学校では必要になるからである。もっと極端に言えば「大会は負けるためにある」のである。そこから何を学ばせるかが顧問教員の腕の見せ所ではないか。それが学校の教育活動としての役割であろう。
　第3に、次に述べるように、勝つためには際限なく時間をかけることが当たり前になってしまうことである。

④時間は際限なくできるという魔力
　部活動の学校教育における位置づけが曖昧であることは、時間数も際限がないということにつながっている。オプションである以上、際限なく出来てしまうということでもあるからだ。もし部活動が教育課程内の位置づけであれば、時間数が規定され、各学校では年間計画に位置づけ適切な時間数を配当することになるだろう。
　時間数に関して言えば、顧問教諭が自分で練習日を決めて活動時間を短くすればいい、休養日を設けて活動すればよいとい

う指摘もあるだろう。そのような方策をとる教員ももちろんいる。しかし事はそう簡単ではない。部の生徒や保護者から「前の先生はもっと親身に指導してくれた」「大会に勝つために隣の学校はもっと長く練習している」などの声が強いと教員の思うようにはならないのである。

　「生徒のためなら」という価値は教員にとっては最も大切にしたいものである。平日夜遅くまでの活動も土日の活動も許容してしまうし、経験したことのない種目でもガイドブックやDVDで勉強して助言しようとしてしまうのである。1. で紹介した過労死で亡くなった堺市の先生は、地域のクラブに入ってバレーボールを学んでいたという。

　そのような教員の姿勢を他の教員も賞賛する空気があると助長され、同調圧力となる。「生徒のためなら」という指導観を最優先にし、生徒も保護者も教員自身も同僚も校長も当たり前のこととして考える以上、長い時間活動するということが慣習として位置づいて、何十年もかかってシステムとして構築されてきたのである。

　長時間活動した方が大会で勝つという魔力があるのだろうか？　大会で成果を挙げることがステイタスだと感じている教員や、部活動だけに生きがいを見いだしている教員（BDK）にとっては、たとえ何時間活動しようとも、残業代はなくても構わないと言うのだろう。ただし、そのような教員の中には教科の授業がいい加減な人もいると現場の教員たちは言う。それでも成り立つのは、学校には部活動賞賛主義のようなものがあって、本来メインの業務であるはずの教科の授業の成果よりも部活動で成果を上げればよしとする文化が出来上がっている

からではないか。さらに言えばそのような教員がマジョリティーになっていて、他の教員にも同じことを強いていることも問題ではないか。「部活動の長時間の指導は当たり前」「残業も当たり前」という意識が全体として醸成されてしまっていることにメスをいれなければならないだろう。

　先に紹介した連合総研の調査結果では教員の勤務時間に関する意識として「小中学校ともに1週間の所定勤務時間数について、「知らない」と回答したのは半数以上であった（小学校56.9％、中学校55.7％）」という（報告書p.48）。また、「小中学校ともに1日の所定休憩時間数について、「知らない」と回答したのが5割近くであった（小学校45.0％、中学校48.8％）」という（同p.49）。「子どものため」を優先しているために、労働者としての時間感覚（意識）がきわめて薄くなっているのが実態である。

　部活動の成果を上げるためには時間数が絶対条件ではないという価値観を持たなければならないのではないか。

⑤部活動の教育的意義を問い直す

　部活動には教育的意義がある。そうでなければ児童生徒の成長・発達を促す教育機関である学校が担うということはしてこなかったはずである。選手育成とは別の意味、つまり学校で教員が指導して行うことによる教育活動としての意味があるはずである。

　実際、部活動が良かったという卒業生の多くは、チームワークの大切さを学んだ、先輩・後輩の関係や礼儀を知った、1つのことに真剣に打ち込むことの尊さを体得したというように、

当該分野の知識・技能以外にも多くのことを学んでいる。このような教育的意義から、生徒も教員も保護者も部活動はよいものだという認識を持つのは自然といえる。私も中学校教員の経験から、そう考えていた。しかしそれは教員が過労死ラインを超えて指導しサービス残業も厭わないという理由にはならないだろう。

ここでは、今も小学校だけに残る必修のクラブ活動の意義を確認して考えていくことにしよう。2017（平成29）年3月に告示された新しい小学校学習指導要領の記述は以下のようになっている。

〔クラブ活動〕
1 目標
　異年齢の児童同士で協力し、共通の興味・関心を追求する集団活動の計画を立てて運営することに自主的、実践的に取り組むことを通して、個性の伸長を図りながら、第1の目標に掲げる資質・能力を育成することを目指す。
（文部科学省「小学校学習指導要領」2017年、p.167）

この中の「第1の目標に掲げる資質・能力」とは、学級活動、児童会活動、クラブ活動、学校行事の4つで構成された特別活動の全体で育成を目指す資質・能力のことで、以下の内容である。

（1）多様な他者と協働する様々な集団活動の意義や活動を行う上で必要となることについて理解し、行動の仕方を身に付けるようにする。
（2）集団や自己の生活、人間関係の課題を見いだし、解決

するために話し合い、合意形成を図ったり、意思決定したりすることができるようにする。
（3）自主的、実践的な集団活動を通して身に付けたことを生かして、集団や社会における生活及び人間関係をよりよく形成するとともに、自己の生き方についての考えを深め、自己実現を図ろうとする態度を養う。（同 p.164）

また「内容の取扱いについては、次の事項に配慮するものとする」という箇所に次の記述がある。

クラブ活動の指導については、指導内容の特質に応じて、教師の適切な指導の下に、児童の自発的、自治的な活動が効果的に展開されるようにすること。その際、よりよい生活を築くために自分たちできまりをつくって守る活動などを充実するよう工夫すること。（同 p.169）

これを見るとわかるように、クラブ活動は「共通の興味・関心を追求する集団活動」「多様な他者と協働する集団活動」「自主的、実践的な集団活動」である。連帯感、チームワークと表現されるような集団ならではの良さを味わうことができる活動ということである。確かに部活動では単にその種目のスキルを上達させることにとどまらず、仲間意識を養い、集団の中での合意形成や意思決定を行う場として機能している。これが部活動の教育的意義の第 1 である。

第 2 の教育的意義は「自発的、自治的な活動」とあるように、経験を通して主体性を育む活動であることである。児童は複数のクラブから主体的に選んで参加することができる仕組みであ

る。また、自分たちで計画を立てて運営することによって自治的な活動を経験させている。

　中学校の部活動の場合も基本的には自らの意志で主体的に入部し参加するものである。後で強制入部の問題は取り上げるが、その場合でも複数ある部から選択するのは生徒本人である。学校の教育活動の中では選択の自由が保障された数少ないものの1つであろう。自らが主体的に選んで参加し、連帯して協力して進めていくこと、ここに部活動の教育的意義がある。ただし、小学校と違って中学校では自治的な活動になっているかと言うとそうではない面があるのは事実である。顧問教員が監督となって全てを掌握し指示・命令している運営方法がそれである。

　ちなみに小学校ではクラブ活動は人気のある教育活動である。学研教育総合研究所の「小学生の生活・学習・人間関係等に関する調査」（2015年）http://www.gakken.co.jp/kyouikusouken/whitepaper/201510/chapter8/02.html によると、「学校で楽しみにしていること・好きな時間」は「休み時間」（65.3％）、「友だちと話している時間」（52.8％）、「給食の時間」（46.1％）、「遠足などの行事」（36.0％）に次いで「クラブ活動」（16.5％）で5位になっている。ちなみに「授業の時間」（4.6％）は9位である。クラブ活動は高学年のみの活動であるから、もし低学年にもあればもっと高い数字になっているものと思われる。

　主体的に参画することは能動的な学びになる。このことは部活動を考える際の参考になる知見である。

⑥手段としての部活動
　次に目的ではなく、手段として活用される部活動について述

べることにする。ここで「手段として」というのは、結果が入試等に活用されることを言う。

　周知の通り部活動の成果は上級学校に入学する際の判定材料として加味される。高校入試、大学入試のスポーツ推薦は最もわかりやすい例である。なかには特待生という形で入学させ、入学金も授業料も免除という学校もある。いい選手を獲得して、自校の部活動を強くしようという戦略である。選手にとっても名門校で活躍することで、その後の進路に有利になるから、双方にとって良い仕組みである。そのような高校では全中（中学生の全国大会）に、大学ではインターハイ（高校生の全国大会）におもむき、スカウトの目を光らせるという。選手もいかにして名門校に入学するか、推薦基準を満たす成果をいかに大会で出すかに必死で、努力を怠らないという。

　全国各地の学校でこのような選手育成の仕組みが見事に出来上がっているのである。そのような高校や大学にとって、部活動というのは手放すことができない教育活動なのである。全ての中学、高校がそのような仕組みに入る必要はないのだが、今や全国大会につながる予選の地区大会は全ての学校に参加の機会は与えられている。ピラミッド型の選手輩出システムが完成されているわけである。

　ただ、このような仕組みには負の側面がある。スポーツ推薦で入学した生徒が大怪我で部活動に参加できなくなり「普通の」生徒になったのだが学力が足りない。スポーツ推薦だったから入学できたのだが、本人の学力は高校の要求するレベルに達していない。結局退学したという事例である。もう1つ、あるスポーツ名門校はスポーツ推薦で入学した有力選手につい

ては授業中寝ていても全く問題ないという。朝練と放課後の練習、土日の遠征に参加してしっかり結果を出せば良いのだという。学校教育が部活動によって歪められている事例である。誤解のないように、もちろん文武両道でスポーツも成績も要求度が高いという名門校も存在することも付記しておきたい。

　このように高校の場合には、将来の選手生活がかかっている生徒もいるから、中学以上に部活動のあり方が進路に直結している。まさに進路の手段としての部活動でもある。大学も同様である。ちなみに私の勤務する大学はスポーツ推薦を一切実施していない、かなり特殊な大学かもしれない（ということでラクロス以外は弱い）。

　さらに言えば、大学からの就職活動でも、全国レベルかどうかの有無を問わず、部活動の成果は用いられる。実際、企業の入社試験では中学・高校時代、大学時代の部活動のことが面接で聞かれることがあるという。もしくは自己PRで自分から成果をアピールする学生もいる。

　それにしても部活動がこれほど幅をきかせる国も他にはないだろう。有力選手でなくても、面接等で自己PRとして活用できるのは、部活動の経験には固有性があるからであり、個性が出やすい話題になるからである。そもそもなぜその種目を選んだのかは個人の自由であるし、どの程度力を入れたのかも本人が決めたことだからである。また人によってはキャプテンでチームをまとめたとか、マネジメントを引き受け裏方で努力したなどPRポイントも満載だからである。

　教員採用試験でも、出願書類に部活動のことを書く欄がある。面接では、その書類を面接官が見ながら質問してくる。中学・

高校の場合「どのような部の顧問を担当できますか？」は定番の質問であり、「経験したことのない種目の部活動はいかがですか？」という質問も十八番である（大学の面接対策指導では「何でもやります」を推奨する）。

　実は教員採用試験については、国民体育大会（国体）が絡むと厄介であるという話がある。国体は開催県が優勝することで知られている（2002年の高知県は例外）が、それは地元の涙ぐましい努力の上に成り立っているのである。ある県の教員の話であるが、国体の開催県になった場合、その3年前くらいから教員採用試験は、部活動顧問を意識した採用をするという。当該種目で全国レベルの成果があり教員免許保有者であれば優遇する。さらに指導実績があればなおよい。他県からも引っこ抜くという（顧問だけでなく成年の選手の引き抜きもあるという）。本人が教員かつ成年の選手でもあるなら、なお重宝されるという。いったい何のための部活動なのか、何のための開催県優勝なのかと思ってしまう話である。

　筆者の知人でかつてスポーツ名門高校に勤務していた教員がいる。その学校では、大会でいかに上位になるかが教員のステイタスになっていて、より上位の結果を出した教員が校内で威張っているそうである。さらに良い結果を出した教員は授業を休んでも何も言われないという。不思議を通り越して異常な世界である。

　価値観は色々あるだろうが、私はスポーツ推薦のない学校が勝ち進んでいる姿を見るのが好きだ。例えば2003（平成15）年に東京都の代表で都立雪谷高校が甲子園に出場した時には応援したものだ。練習時間は短く、グラウンドはサッカー部と半

分ずつ。このような「普通の」学校が努力して成果を出すのは素敵だ。それとは反対に、寮完備、栄養バランスのとれた食堂完備、専用バスあり、運転手雇用、夜間照明付きの専用グラウンド、授業は寝ていてもよいなどという、まるでセミプロのような生活をしている高校が勝っても全く嬉しくない。そこから優秀な選手が育っていても、である。

　部活動の成果自体を手段として活用することは否定しない。将来の進路にとって重要なデータになる生徒がいるからである。しかしそれは学校教育としての活動なのかと疑問を持たざるを得ない。

　以上、部活動とは何か、その目的・目標をめぐる話題を提供してきた。学校における位置づけの曖昧さが、さまざまな課題を引き起こしていることを理解していただけたことと思う。実に部活動とは不思議な世界だ。では次に教員の労働問題として捉えた時に、どのような課題があるのか、不思議な世界の奥に踏み込んで行こう。

(3) 教員の労働と部活動

　部活動が教員の勤務時間に大きく影響を与えていることは既に述べた。顧問教員の過重負担は相当なものである。部活動という不思議な世界は教育問題という単純なものではないことがおわかりいただけただろう。労働問題でもあるし、法律問題でもある。一筋縄ではいかない世界。ここでは、教員の労働の視点から部活動の不思議さに迫っていこう。

①教員の勤務はどうなっているのか？

　まずは、そもそも教員の勤務内容や時間はどうなっているか？　ということの説明が必要である。教員といっても厳密には公立学校と私立学校では異なるが、いずれにしても勤務時間については就業規則によって規定されている。もちろん労働基準法に抵触しないようになっている。一般的な例は8時15分から16時45分まで（45分の休憩時間を含む）で7時間45分である。勤務内容については、詳細は省略するが、教育基本法、学校教育法、同法施行令、同法施行規則、学習指導要領等の中に記されている。

　指導するメインとなる教育課程について言えば、学習指導要領の名称によれば小学校の場合は各教科、特別の教科・道徳、外国語活動、総合的な学習の時間、特別活動の5種である。このうち中学・高校には外国語活動がなく、さらに高校には特別の教科・道徳がない。したがって中学校は4種、高校は3種である（図2-13を参照）。ちなみに中学・高校の外国語は「各教科」の中にあるので外国語活動はない。

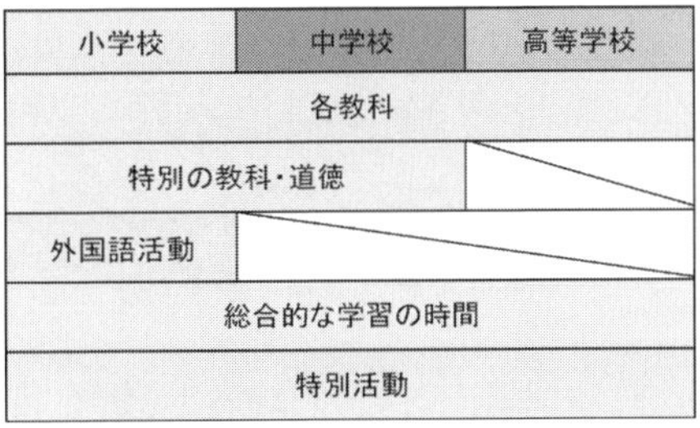

小学校	中学校	高等学校
各教科		
特別の教科・道徳	特別の教科・道徳	
外国語活動		
総合的な学習の時間		
特別活動		

図2-13　教育課程を構成する柱（筆者作成）

ちなみに部活動に関する規定は上記の法律群にはなく、教育課程の中にもない。唯一学習指導要領の総則の中に、たった8行出てくるだけ（前述）である。それにも関わらず、中学・高校の教育活動や教員の勤務負担に大きく影響を与えているというのは不思議なことである。
　教員を目指す学生等に向けて文科省初等中等教育局教職員課が2009（平成21）年に作成したパンフレット「教員をめざそう！」がある。
(http://www.mext.go.jp/a_menu/shotou/miryoku/__icsFiles/afieldfile/2009/09/03/1283833.pdf)

図2-14　文部科学省「教員をめざそう！」表紙

　この中で、教員の仕事内容と一日の勤務例を示しているので見てみよう。代表的な仕事内容（pp.3-4）として「教科指導等」「学級経営・生徒指導」「進路指導・キャリア教育」に並ん

で「部活動」があることに注目してほしい。特別活動や総合的な学習の時間などは代表的ではないとして書かれていないのにもかかわらず、部活動の欄はしっかりと設けられ、そこには「部活動の指導」「試合等の引率」という説明書きがある。

図2-15　文部科学省「教員をめざそう！」(pp.3-4)

次に「教員の一日（例）」(p.5) という項目を見てみよう。これによると、8:00 から登校指導が始まり、中休みがあることら小学校の例を示しているように思われる。15:30 からは帰りの会・下校指導・職員会議・学年会・職員研修等となっている。小学校の例であるから部活動については書かれていない（小学校でも部活動のある地域はあるが）。

2. 部活動の何が不思議か　～さまざまな課題と矛盾～　65

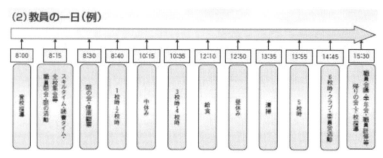

図2-16　文部科学省「教員をめざそう！」(p.5)

　この図で注目したいのは出勤時刻、退勤時刻が書かれていないことである。8時から登校指導ということはその前に出勤ということになり、先ほど挙げた就業規則では収まらない。実は、就業規則に定められた出勤時刻よりも前、退勤時刻よりも後の仕事が常態化している世界なのである。事実小学校では8時前に多くの教員が出勤しているし、部活動（朝練）がある中高の教員も同様である。退勤時刻後の実態は既に見た通りである。時間外労働（残業）が常態化した世界、それが学校である。

②残業代はどうなっているか？

　では、残業代はどうなっているのだろうか。
　1971（昭和46）年に制定された「公立の義務教育諸学校等の教育職員の給与等に関する特別措置法」（略称：給特法）によれば、教職調整額を月給の4％を支給するが、時間外勤務手当及び休日勤務手当は支給しないとされる。つまり、部活動で長時間残業しても一切の手当は支給されない。4％多く支給されているから単純計算で8時間の4％に当たる19.2分の残業はあってもよいだろう。しかし実態は大きくずれている。

2007（平成19）年の中央教育審議会初等中等教育分科会教職員給与の在り方に関するワーキンググループ（資料2-1）によると、1966（昭和41）年の1ヶ月平均の残業時間は約8時間であったが、2006（平成18）年は約35時間になっているという。この「8時間」は上記の法律を策定する際に「4％」を算出する根拠となったものである。つまり当時と比べ残業時間が4倍以上になっているにもかかわらず教職調整額はそのままの状態が放置されてきたのである。この時の実態に合わせれば17.5％に変更し支給してもよいはずである。さらに言えば、先に述べたように2017（平成29）年に発表された文科省の調査結果では1ヶ月の残業は8時間の7.5倍にあたる月60時間になっているから、30％に引き上げてもおかしくない。近年は月給の3割分を搾取されて働いてきたということだ。日本の教育の成功は、長年にわたる教員のサービス残業によって成立してきたことは間違いない。
　また、2003（平成15）年の「公立の義務教育諸学校等の教育職員を正規の勤務時間を超えて勤務させる場合等の基準を定める政令」によると

> 　教育職員については、正規の勤務時間の割振りを適正に行い、原則として時間外勤務を命じないものとすること（抜粋）、教育職員に対し時間外勤務を命ずる場合は、次に掲げる業務に従事する場合であって臨時又は緊急のやむを得ない必要があるときに限るものとすること。
> 　イ　校外実習その他生徒の実習に関する業務
> 　ロ　修学旅行その他学校の行事に関する業務

ハ　職員会議（設置者の定めるところにより学校に置かれるものをいう。）に関する業務
　　ニ　非常災害の場合、児童又は生徒の指導に関し緊急の措置を必要とする場合その他やむを得ない場合に必要な業務

となっている。これがいわゆる「超勤4項目」であり、部活動は項目にはない。

　このことから、部活動顧問の指導の扱いはどのようになっているのか。時間外に実施している部活動については校長が命じたものではないことになり、教員による自発的なものという位置づけになってしまっている（あくまでも位置づけであり、教員の自発性に基づくものではない場合もある）。部活動の指導は校務分掌に位置づけられ、学校によっては全員顧問制をとっているものの、その法的な根拠はどこにもないということになる。部活動の曖昧さは学習指導要領の位置づけだけでなく、ここにもあったのである。

　では、時間外勤務ではない部活動はどうなるか？

　現在の1日7時間45分勤務（休憩45分）の仕組みで、朝8時からの勤務であれば退勤時刻は16時45分である。仮に15時30分から部活動の指導をした場合、所定の勤務時間に収めるためには部活動の指導は1時間15分間で終了しなければならない。厳密にはそれも休憩時間を返上しないと無理ということになる。1時間15分という活動時間が効果的かと聞かれれば、種目にもよるが否だろう。実際の活動時間は着替えや用具の準備も含めればもっと少ないからである。それに、放課後の時間は部活動の指導だけにあてるというわけにもいかない。

このように考えると勤務時間内に終了させる部活動が可能かというと無理だということになる。しかしだからと言って勤務時間外もやるべきだ、それが子どものためだ、サービス残業も厭わないという姿勢がよいかというと、それは違う。本来問われなければならない、または吟味しなければならない課題だったはずである。そうした議論がないままに実態として部活動は継続し、肥大化してきたのである。
　部活動のあり方は、生徒の教育的視点からだけではなく、教員の労働の視点、ワークライフバランスの視点からも考え直さなければならない。部活動が主要因で過労死する教員を二度と出してはいけないし、部活離婚・部活孤児・部活未亡人なる言葉も一掃しなければならない。

③顧問はボランティアではない
　私が部活動顧問の過重負担問題に取り組む理由がもう1つある。それは「顧問はボランティア」という表現の妥当性について疑問を抱いているからである。このことを説明しておきたい（この項は拙稿「部活動顧問の過重負担問題　―部活動改革元年とこれから―」、「季刊教育法」192号、エイデル研究所、2017年、pp.32-39を出典とし一部加筆修正した）。
　まず、顧問はボランティアという表現の根拠はどこにあるのか？　第1に教員には残業代が出ないことに加え、活動時間の多くは平日の勤務時間外および土日・祝日であることが大きな要因である。第2に管理職が残業を命じることができる、いわゆる「超勤4項目」に部活動がないこと、つまり労働時間ではないという解釈ができてしまうことである。無償の行為で

勤務時間外の活動である、つまり労働ではないという解釈でボランティア（活動）と呼ばれるのではないだろうか。

　しかしボランティア活動の特性は自発性・無償性・公益性・先駆性で、特に自発性は語源（ラテン語で自由意志を表す語volo）から照らして最も重要な性質である。部活動の顧問に自発性はあるだろうか。自発的にやっている、喜んで取り組んでいるという教員は一定数いるだろう。私もかつてはそうだった。しかし全国の全ての教員がそうとは言えないことは自明である。教員が異動すれば、前任者の担当していた部には後任が割り当てられるのが常である。しかも運動部の場合、自ら経験したことのある部を担当している中学校教員は47.9％である（日本体育協会、2014年）。それらの教員の全てが希望して担っているとは到底思えない。管理職の側からすると、あくまでも「ボランティアでやってもらっています」ということで、超勤4項目ではないにもかかわらず時間外に指導してもよい、したがって責任は自分にはなく教員が自ら希望してやっているのだと主張できることになる。つまり免罪符としてボランティアという言葉が使われていることになる。何十年も教員の善意に依拠して部活動制度は維持されてきたのである。

　無給状態であることを理由に教員自らが安易に「部活動はボランティア」という表現を使うと、自発性も担保されてしまうことになる。つまり自ら希望しているという管理職の言葉に同意したことになるから注意が必要である。「強制ボランティア」という言葉も使われていて、もちろん批判的な文脈で用いられているが語義矛盾である。ボランティアという言葉を用いて部活動顧問を説明するのは無理がある。

無償性についても同様である。平日の部活動指導で残業代は支給されず、そもそも超勤4項目ではないため残業という位置づけでもない。しかし校務分掌に位置づけられていて、全員顧問制として機能している。労働なのか否か？　事故が起きた時に責任を追及されるのは労働だからではないか？　土日・祝日の大会引率等には一定時間を超えると手当が出るが、これは雇用者が労働とみなしているからではないか？　と疑問が絶えない。手当は労働の対価と見なすことができ、そうなるとボランティアとはいえない。実態としては勤務のように扱われ、しかし無給であるという違法に近い行為をボランティアと呼ぶしかないのは相当無理がある。無償性の視点から見ても、部活動顧問は労働ともボランティアとも言えない、曖昧さと矛盾の世界なのである。

　以上のことから、部活動顧問はボランティア活動の特性である自発性の点でも、無償性の点でも齟齬と矛盾があるため、ボランティアとは呼ばない方がよい。さらに言えば、部活動顧問の過重負担問題は教育の問題であると同時に、ボランティアの本質を揺るがす「新たなボランティア問題」として捉えられる。ボランティア学習を研究してきた私が部活動顧問の問題に取り組む別の理由がここにある。自らが部活動顧問という「矛盾したボランティア」を13年体験しながら、その矛盾に30年も気づかなかったとは灯台下暗しである。

④働き方改革における課題

　2016（平成28）年は働き方改革が進展した年になった。政府も本格的に取り組んでいる。しかし企業のことが中心で、学

校の教員は蚊帳の外に置かれてしまっている。

　ワークライフバランスの視点で働き方改革に取り組んでいる小室淑恵さんによると、日本は人口ボーナス期ではなく既に人口オーナス期であり、社会全体で働き方を根本的に変えないと超高齢社会、グローバル社会に対応できないと説く。

　ちなみに「オーナス（onus）」は重荷・負担の意味で、人口オーナス期とは一国の人口構成で高齢人口が急増する一方、生産年齢人口が減少し、少子化で生産年齢人口の補充ができず、財政、経済成長の重荷となった状態のこと、逆に人口ボーナス期とは一国の人口構成で子どもと高齢者が少なく、生産年齢人口が多い状態（豊富な労働力で高度の経済成長が可能）のことを言う。日本では1950〜70年頃が人口ボーナス期に当たり、少子高齢化が顕著になってきた1990年頃から人口オーナス期に入ったとされる。

　各々の期の働き方の比較は以下の通りである（小室さんの講演資料から）。

　【人口ボーナス期に経済発展しやすい働き方】
　・なるべく男性が働く
　　重工業の比率が高いため（筋肉が多いほうが適している業務が多い）。
　・なるべく長時間働く
　　早く安く大量に作って勝つためには、時間＝成果に直結するから。
　・なるべく同じ条件の人を揃える
　　均一な物をたくさん提供することで市場ニーズを満たせ

るため、余っている労働力を「転勤や残業・出張」についてこれるかでふるい落とした。労働者は代えがきくので、立場は弱く、一律管理することができる。

【人口オーナス期に経済発展しやすい働き方】

・なるべく男女ともに働く

　頭脳労働の比率が高く、かつ労働力は足りないので、男女フル活用した組織が勝つ。

・なるべく短時間で働く

　時間当たりの費用が高騰する（日本の時給は中国人の8倍、インド人の9倍）ので、体力に任せて働かせず、短時間で成果を出す癖を徹底的にトレーニング。男性も介護で時間の制約を受ける。

・なるべく違う条件の人を揃える

　均一な物に飽きている市場。高付加価値を短サイクルで提供する必要がある。労働力は足りない。介護する男性は転勤・出張で皆ふるい落とされる「育児・介護・難病・障がいなどは障壁ではない」と皆が理解できる労働環境の整備が重要。

　学校の世界でも一律ではなく労働者の多様性に対応した働き方が求められている。文科省が掲げる「チーム学校」の考え方にも通底するものである。サービス残業が常態化している、いわば業界全体でブラックな状態から、いかにして短時間で成果をあげる組織に転換するかを考えるよう意識改革をしなければならない。

　ただし、注意が必要なこととして、そもそも学校の（教員の

勤務による）成果が見えにくいという性質を理解しなければならない。小室さんの著書でも紹介されているように、長時間労働の考え方を変え残業を大幅に減らしたにも関わらず、逆に収益を伸ばしたという事例はわかりやすい成果である。それは間違いなく働き方改革の成果と言える。企業の場合、労働時間の管理が明確であり、成果についても収益という物差しがあるから良い。ところが学校教育の場合は、出勤・退勤の記録すらまともに記録されていない状況（一切残業代が出ないからである）であり、まずはここから改善しなければならない。費用対効果という言葉はあまり学校においては使いたくないが、費用の部分の指標はなんとかなる。問題は効果の方である。

　学校の成果とは何か。企業とは異なり学校は収益で評価は出来ない。そもそも収益はない。児童生徒の成長・発達を促す機関だからである。成長・発達とは個別的であり、指標が立ちにくいものもある。例えば、教科の学力であればテストで計量できるものもあるし、観察法など数値にしにくい評価もある。一人の児童生徒でも、教科の学力もあるが、人間的な成長もある。物差しは沢山あるし、物差しで計量できにくいものもある。つまり学校教育の成果は表現しにくい面があることを確認しておく必要がある。となると結局、わかりやすいのは上級学校への進学者の数ということになってしまいがちである。

　部活動の場合はどうかと言えば、やはり大会やコンクールでの成績というのがわかりやすくなってしまうのである。部活動でもそれら以外の成果はあるはずであるが、見えやすい成果の影に埋もれてしまう可能性がある。部活動に限らずだが、学校教育の成果は外部に数値として出して見えやすいものと、児童

生徒に寄り添った教員にしか見えないものとがある。後者が案外大切であることを中学校教員だった私は知っている。
　とはいえ、まずは部活動の練習量を減らしても成果を上げた、つまり大会で好成績を上げたという事例があれば参考になるので例を挙げる。
　読売新聞（2017年1月31日）の記事「変わる部活、休養日に疲労回復…強豪校が積極導入」https://yomidr.yomiuri.co.jp/article/20170131-OYTET50029/ では休養日を設定している学校が大会でも好成績を上げている事例を紹介している。リード文は「高校スポーツ界で、定期的に〈休養日〉を設けて練習に取り組む学校が目立ってきている。全国大会常連の強豪校でも、リフレッシュによる効果を狙って積極的に採用。それが好成績を収める要因の1つにもなっている。」で、記事では甲子園に出場する強豪校野球部が平日の練習は2時間半、毎週月曜日は休養日であることを紹介している。また、あるラグビーの強豪校では基本的に週1日、試合のない時期は週2日、長期間の大会に出場した後は約2週間休養することもあるという。監督は「たくさん練習すれば強くなるというわけではない」と言い切っている。
　このような実践例を多数紹介し「運動部の練習は量より質で休養日も必要」という考え方が広まれば、部活動のあり方も変わっていくのではないかと考える。練習のし過ぎで疲弊している生徒、教員は確実にいる。あるいは科学的根拠のない無茶な練習で怪我をして選手生命を絶たれるという事例も増やしてほしくはない。スポーツ庁は科学的根拠に基づく運動部活動のあり方の指針を公表するとしているが、急いで欲しい。

⑤教員は部活動中に居なければならないのか？

　たとえ部活動に多くの時間が割り当てられているとしても、そこに顧問教員がいなくても良いのであれば、過重負担にはならないはずである。なぜ過重負担になるのかと言えば、活動時間に顧問が居なければならないからであり、もっと言えば居るだけでは駄目で、技術的な指導を求められているからではないだろうか。

　しかし顧問が部活動の「指導をする」のは義務ではないはずである。ちなみに顧問とは「団体や会社などで、相談を受け、意見を述べる役。また、その人。」（三省堂『大辞林』）のことである。どうやら顧問という名前から逸脱した役割を担わされている部活動があるということである。もちろん辞書通りの顧問としての役割のみを担っている教員もいるだろう。しかし、明らかに指導者、スポーツで言えば監督やコーチの役割を担っている教員もいる。問題なのは、それを好んでいる教員とそうではない教員がいるということである。前者にとっては部活動の指導そのものが生き甲斐であり、教員としての価値はそこにあると感じている教員が多いと推察される。しかし後者、特にその種目の経験のない（全国データでも半数程度の）教員にとっては、相当の負担ということになる。

　話を戻して、部活動中に顧問が居なければならないというのは、どうしたものだろうか。

　筆者は1986（昭和61）年から1999（平成11）年まで中学校の教員をしていたが、私立ということもあるだろうが、顧問が活動中に居なければならないというルールはなかった。ただし唯一私が顧問をしていた水泳部のみは教員（顧問、副顧問で

なくてもよい）が居なければならないというルールであった（温水プールのため鍵の開閉等の管理の関係。安全管理の問題もあった）。水泳部以外の同僚教員は部活動中に居たり居なかったりであった。これは私が生徒の時も同様だった。熱心に指導にあたる教員もいたが、辞書通りの顧問を担っていた教員もいた。時代が違うのかもしれないし、私立だったからかもしれない。

　私は法律の専門家ではないから詳細な解説はできないが、少し判例を調べただけでも、部活動の指導に関しては安全配慮義務、注意義務、事故の予見可能性などの言葉が出てくる。地裁、高裁レベルでも多数の判例があり、学校や教員の責任を問うものもあればそうでないものもある。その中で、顧問が部活動に立ち会う義務があるかどうかについては、以下の最高裁 1983（昭和 58）年 2 月 18 日の判例がある。

　「課外のクラブ活動であっても、それが学校の教育活動の一環として行われるものである以上、その実施について、顧問の教諭を始め学校側に、生徒を指導監督し事故の発生を未然に防止すべき一般的な注意義務のあることを否定することはできない。しかしながら、課外のクラブ活動が本来生徒の自主性を尊重すべきものであることに鑑みれば、何らかの事故の発生する危険性を具体的に予見することが可能であるような特段の事情のある場合は格別、そうでない限り、顧問の教諭としては、個々の活動に常時立会い、監視指導すべき義務までを負うものではないと解するのが相当である。」

　これによると「学校教育の一環」である以上は学校の責任はあるものの、事故発生の予見可能性がある場合は別として顧問

が常時立ち会う義務はないとしている。

　ただし、現在の学校で顧問が常時立ち会うのが常態化しているとすれば、地裁、高裁レベルで被告敗訴、すなわち学校や教員が責任を問われる判決が相当数あることに起因しているのではないだろうか。特に2000年代以降には沢山の判決が出ており、筆者が中学校を退職してから顧問が立ち会うことが全国の学校の常識になっていったことは想像に難くない。教育委員会では事故防止のために指針を出しているが、そこには安全配慮義務や事故が起こらないように事前に予見されることは必ず指導すること等が明記されている（例えば、東京都教育委員会「部活動中の重大事故防止のためのガイドライン　〜日常の活動に潜む危険を予見し回避するための安全対策〜」2008（平成20）年）。学校においては、校長が顧問に対して指導上の注意義務を指示・徹底することも校長の義務となり、安全管理に関しては徹底されることになる。当然、部活動中にはその場に居てくださいという指示になるのは管理職として自明である。

　こうして教育課程外はであるが、部活動は通常の職務と同様の責任が課せられることになっているのである。学習指導要領で「学校教育の一環」と記されている以上、この状態は続くだろう。サービス残業ではあるものの責任は他の業務と変わらないという不思議な世界がここにはある。

　以上、教員の労働問題の視点から部活動の不思議な世界をのぞいてみた。二重三重に問題が絡み合っていることが理解できたであろう。

　次には生徒の自主性に関わる問題として強制入部の問題を取り上げることにする。

(4) 生徒の強制入部の問題

　自主的・自発的な部活動のルーツは明治時代に大学で始まった野球など課外スポーツ活動である。その後も自主性・主体性が担保され、校友会活動など文化的な活動も含めて発展してきた、いわば日本の教育の文化ともいうべきものである。その最も重要な理念は「参加自由」のはずである。しかし現在の部活動は必ずしもそうなっていない実態がある。それはなぜか。なぜそのような仕組みが出来上がったのかについて述べる。

① 1980年代の生徒指導の影響

　次のグラフは少年刑法犯検挙人数の推移である。1980年代前半に山が出来ていることに気づくだろう（平成27年犯罪白

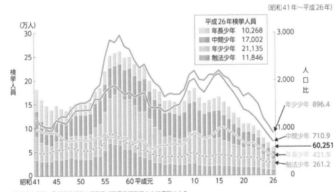

図 2-17　少年犯罪の推移
（出典：平成27年犯罪白書）

書)。

http://hakusyo1.moj.go.jp/jp/62/nfm/n62_2_3_1_1_2.html

　次のグラフは校内暴力のうち対教師暴力の推移である（政府統計　文部科学省調べ）。

http://www.e-stat.go.jp/SG1/estat/Pdfdl.do?sinfid=000002978580

　1982（昭和57）年からの統計のためわかりにくいが、グラフの左側で中学校の発生件数において1980年代前半の山が出来ていることがわかる。

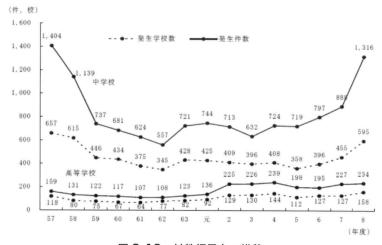

図2-18　対教師暴力の推移
（出典：政府統計　文部科学省調べ）

　このように1970年代後半から1980年代前半は中学校を中心にして「校内暴力が吹き荒れた時代」（当時このような表現を用いた）であった。既に挙げたドラマ「スクール☆ウォーズ」は1984年〜1985年の放映であったし、ドラマ「3年B

組金八先生」の第2シリーズは1980年～1981年に放映され、これは校内暴力に焦点を当てたシリーズだった。特定の地域ということではなく、全国的に中学校が荒れた時代である。当時警察官が入らなければ卒業式がまともに開催できないという学校もあったほどだ。さまざまな指摘がなされているが、校則による管理主義的な生徒指導や詰め込み主義的な学習指導への反発などが主な要因であった。

　この社会問題化した校内暴力を抑制するために、問題行動を起こす生徒への強権的な指導の場として、生徒指導の機能をもった部活動が活用されたのである。朝から晩まで運動させ、部活動を、問題を起こす生徒の居場所とすることで、学校外で暴れないようにするという対症療法的な生徒指導であった。彼らを参加させるためには部活動全員参加の原則が必要だったのである。

　そのような指導の結果、学校で暴れる、または学校外でトラブルを起こす可能性がある生徒が部活動によって更生するという事例が確かに散見された。そしてそのような生徒を指導できる、部活動で（表現は悪いが）手なずけることが出来る教員が一目置かれたのも事実である。当時私は中学校の教員で、部活動の地区大会で他校の先生が「あいつは学校一のワルなんですよ」と自校の生徒を指さしながら話す自慢話をよく聞いたものだ。

　是非はともかく、この時代に生徒の全員加入（強制入部）が仕組みとして出来上がりつつあったのである。そして次に述べるクラブ活動の代替に出来る措置によって、ますます強化されることになっていく。

②部活動でクラブ活動の代替とする措置の影響

　既に部活動の位置づけの曖昧さの要因のところで述べたので一部重複するが、ここでは生徒の強制入部の要因となったという視点で経緯を振り返ることにする。

　1989（平成元）年の学習指導要領改訂（中高）では、生徒が部活動に参加することにより必修クラブ活動に参加したとみなす「部活動代替措置」が実施された。これにより多くの学校がこの措置を利用して部活動を必修化した。クラブ活動のために充てていた授業時間を教科等の時間に変えることができるからである。また実態として部活動に参加している生徒も多く、クラブ活動の時間数よりも多く活動していることから代替措置を活用できると判断したからである。

　しかしここで注意が必要なのは学習指導要領で示された代替措置の条件である。それは特別活動の章の「指導計画の作成と内容の取扱い」の項目の中で、次のように記されている。

>　クラブ活動については、学校や生徒の実態に応じて実施の形態や方法などを適切に工夫するよう配慮するものとする。なお、部活動に参加する生徒については、当該部活動への参加により<u>クラブ活動を履修した場合と同様の成果があると認められる</u>ときは、部活動への参加をもってクラブ活動の一部又は全部の履修に替えることができるものとする。（下線筆者）

　代替措置を活用する条件は「クラブ活動を履修した場合と同様の成果があると認められる」場合である。安易に活用しては

ならなかったのである。では、クラブ活動の成果とは何か。
　クラブ活動は特別活動の内容の１つであるから、その目標（以下）を達成する必要がある。

　　望ましい集団活動を通して、心身の調和のとれた発達と個性の伸長を図り、集団の一員としてよりよい生活を築こうとする<u>自主的、実践的な態度を育てる</u>とともに、人間としての生き方についての自覚を深め、自己を生かす能力を養う。（下線筆者）

さらに代替措置の記述のすぐ前には以下の記述がある。

　　生徒会活動及びクラブ活動については、教師の適切な指導の下に、<u>生徒の自発的、自治的な活動が展開されるよう配慮する</u>ものとする。（下線筆者）

　つまりクラブ活動の成果を達成するためには、自主的、実践的な態度を育て、自発的、自治的な活動が展開されていなければならなかったのである。しかし今も当時も部活動が自治的に実施されているかと問えば、必ずしもそうではない部が存在することは自明であろう。教員が練習のメニューを決め、細かい指示を出し、レギュラーのメンバーを決め、試合では監督として指揮系統のトップに君臨している。自主的な態度を育てているとは言いがたく自治的でもない、すなわちクラブ活動の趣旨からは遠い実態の部活動を代替措置によってクラブと同様の成果があるとみなしてしまったのである。このことの影響は今に

2. 部活動の何が不思議か　〜さまざまな課題と矛盾〜　83

至るまで大きい。自治的ではない活動に全生徒を強制加入させてしまったからである。こうして、この時代に部活動は必修（全員加入）という仕組みが出来上がったのである。

③クラブ活動の廃止の影響

　その9年後、10年後、中学校1998（平成10）年、高等学校1999（平成11）年の学習指導要領改訂によりクラブ活動は廃止された。学校スリム化（教育内容の大幅な削減）の趣旨に即して実施された措置である。これに伴い、部活動でクラブ活動の代替とする措置もなくなったのであるが、多くの学校では引き続き部活動を全員参加とする措置をとった。教育課程内の必修クラブ活動がなくなって、教育課程外の部活動が残ったのである。しかし必修クラブ活動ができる前の状態に戻ったかと言うとそうではない。全員入部の形が残ったままの移行であった。もはや自主的、自発的な活動ではなく、自治的な活動でもない部活動が形成されて今に至っている。

　やや話が脱線するが、クラブ活動が廃止されたため当然予算もなくなった。それまでクラブ活動の予算で購入したものを部活動でも活用していたが、それが出来なくなったと当時ある公立中学の校長先生が嘆いていた。しかも全員参加の部活動である。参加する生徒も多く用具や設備が必要である。部活動の必要経費の問題が顕在化した時期でもあった。この時代の影響を今も受けている。

　なお、この学習指導要領改訂で部活動に関する記述は学習指導要領から完全に消えたため部活動の内容、あり方等は完全に学校の自由裁量となった。この時期は学校週5日制も始まっ

ており、午後だけだった土曜日の部活動も午前から実施されるようになった。学習指導要領による縛りもなく、部活動が際限なく肥大化していく道が開かれたのである。

　以上のように、平成に入ってからの教育改革の影響を強く受けて現在の部活動の混迷があると言っても過言ではない。

④高圧的な指導のなぜ？

　部活動、特に運動部においては高圧的な指導になりがちである。自治的な活動とは異質であり、選手育成に特化したような場合は、なおさらである。今では科学的な根拠に基づく指導が推奨され、精神論的な指導、根性論に基づく指導は批判されるが、それは近年のことである。鍛錬の場としての部活動という意味合いが強いのだろうか。昭和の時代の部活動は、とにかく理不尽なことも沢山あった。

　高圧的な指導になりがちな理由を私は以下のように考えている。

　競技性のあるスポーツは、大会における勝敗が重要となる。すると勝利至上主義ではないにしても、必然的に指導者は「勝つための集団」に育てていかなければならない。そこには軍隊の論理が入り込む隙がある。

　軍隊の論理とは「上官は絶対。命令には絶対服従」である。これ自体は正しい論理で、なぜなら上官が前進と命令したら確実に前進しないと自分たちが相手に攻撃されて死ぬかもしれないからである。これがスポーツに適用されるのかと考えると、意外に親和性があることがわかる。サインプレーが多用される野球がわかりやすい。バントのサインが出たら絶対服従である。

勝手にやめたら走りだしたランナーが刺されるかもしれない（野球にはドキッとする用語が多い、死球も）。種目によって差はあるだろう。ラグビーは試合が始まったら監督は観客席で見ているからどうにもならない。選手たちが刻々と変わる状況を判断してプレーしているという。バレーボールは一球ごとに監督やキャプテンからサインが出る。サインどおり動かないと巧みなコンビネーションプレイが完遂できない。吹奏楽部では、ちょっとした音の狂いも許されない。全体の調和を最大限に尊重するように仕向けられる。

　今でも運動部では「先輩は絶対」という雰囲気があるだろう。先輩を敬うことや挨拶をしっかり出来ることなど運動部の指導の良い点は沢山ある。しかし絶対という言葉の中には軍隊の論理が潜んでいることを理解し意識しておく必要がある。昭和の精神論的な運動部の指導は、軍隊の論理の名残だと捉えている。

　命令に服従するだけの集団では思考力・判断力・表現力は身につかない。最近ではスポーツにはこのような力量の形成が大切だと考え、高圧的な指導をやめたり、下級生は奴隷というような徒弟的な制度をやめたりして成果を上げた部活動もある。いずれも大学の部活動の話であるが、好例であるので紹介する。

　青山学院大学陸上競技部は箱根駅伝をはじめとして、近年めざましい活躍をしていることで有名である。原晋監督の著書を拝読し、本物の部活動はこれだと感じている。後輩が下働きをするという制度をやめて4年生でも寮の清掃を分担しているという。常にコミュニケーションを大切にし、キャプテンを中心に自ら考えて動ける集団になるよう仕掛けている。当初は昭和の命令型だった監督も、それではうまくいかないと気づき、

今では助言者として振る舞うことで事が足りる集団に仕上がっているという。

　帝京大学ラグビー部も近年大学ラグビー界では無敵の強さを誇っている。部を貫く考え方は明確だ。通常１年生は下働き、したがっていち早くグラウンドに来て用具の準備をして先輩を待つというのが普通であるが、この常識を疑ったのである。１年生は大学に入って間もなく、学生生活に慣れるだけでも大変である。履修しなければならない科目も多い。ラグビーの技術も基礎的なことを覚えなければならず、とにかく一番大変なのだと。それに加えて下働きをするというのは、相当大変なことであろう。そこで下働きは学生生活にも慣れ、授業も少なくなっている３年生がやる。このような考え方で、組織改革を行ったところ１年生の退部も減って、目覚ましい変化があったそうだ。昭和の根性物語であれば１年生は歯を食いしばって辛抱するのが当たり前だろうとなるところだが、もはや昭和ではない。

　軍隊の論理でなくても、スポーツの試合に勝つための論理はあるようだ。

　私の授業では最後に感想や質問等を書く時間を10分とっているが、かつて毎回５分で書きあげて走って教室を出て行く１年生がいた。運動部の学生である。きっと用具の準備等をやらねばならなかったのだろう。そのような習慣を先輩も後輩も当たり前だと思っているのだろう。

コラム2

長沼と部活動（中学校教員時代）
「熱血BDKが新しい部を創る」の巻

　中学校の教員になって直ぐに水泳部の副顧問を拝命した。希望は聞いてくれなかった。経験から言えばバスケットボールが良かったが、体育の専門家の先生がいたので、その線はなかった。水泳部の顧問の先生もご自身が水泳部の経験があり技術的な指導ができる先生だった。私にできることはあまりなかった。本文でも触れているが、水泳部だけは教員がいないと活動できないルールだったので人手も必要だったのだろう。私の水泳の経験は小学校時代のスイミングクラブがあり、一応4種目は泳げるので、それなりの指導は出来た。入部して間もない1年生の指導をしたこともあった。ただ大学生のコーチ（卒業生）が来ていたので練習はお任せで、基本的には横で見ているだけだった。見ているだけというのもつまらないので1コースもらって泳いでいた。顧問の先生と距離を張り合って一緒に泳いでいたものだ。そんなのどかな部活動だった。

　平日は1回1000m泳ぐことにして、土曜日は午後の3時間の練習で4000mが目標だった。趣味と実益を兼ねて副顧問をしていた感じがする。それでも生徒の泳ぎを水中から見て助言したり、キャプテンに声をかけたり、安全管理（危ない飛び込みはさせない等）、塩素の管理をしたりするなど、教員らしいこともしていた。

　数年経って顧問と副顧問が入れ替わり、私が顧問になった。

それでも技術的なことは副顧問の先生がやってくださるので、私はマネジメントを中心に頑張った。

　一方、ボランティア活動の経験をもつ私がボランティアの部活動を始めたいと思うのも自然なことだった。当時その学校ではいきなり部を作ることはできず、まずは同好会からというルール、しかも教員の発案では駄目だった。生徒が自主的に作りたいという願い出をするところから始めないといけない。しかも1つの学年の生徒だけだと卒業してしまうと終わってしまうので複数の学年の生徒がいるという条件だった。これは結構ハードルが高い。というのも私立の男子中学は9割が運動部に所属し文化系の活動を下に見るという雰囲気があった。しかもボランティアの「ボ」の字もない学校だった。そこで、まずは参加任意のボランティア体験学習を期末考査後の試験休み期間に企画・実施し参加者を募った。最初は10人程度だったが、多い時で30人程度参加するまでになった。学期に1回、年3回の企画である。その時に毎回のように参加してくれた生徒6人にボランティア同好会を作らないかと声をかけ、準備が始まった（2年目の後半）。設立趣意書を書くところからである。生徒会の代表会、教員の会議を突破できるように周到な準備と助言をして成し遂げた。実に3年計画だった。

　彼らが3年になった時にボランティア同好会が設立され、私が初代顧問に就任した。ボランティア活動で鍛えた「仕掛人」としてのスキルが最大限に生かされた出来事だった。

　（その前に、志願してバスケットボール部の副顧問にもなっていたので、3つの部を兼務した時代であった。今考えれば異常だった。完全にBDKである。）

3. 多様な立場から見た部活動

　これまで述べてきたように、部活動を巡る問題・課題を解決するためには一筋縄ではいかない。何十年もかけて出来上がってきた仕組みを一気に壊すのは容易なことではない。また一気に壊すという改革の方法は一般的には副作用が伴うもので、得策とは言えない場合が多い。

　そこで、複雑に絡み合った部活動の問題を解きほぐしていくためには、まずは各々の立場になって考えてみる必要があるのではないかと考えた。1本1本の糸がどのような意図で絡み合っているのか？ 部活動改革の一歩はここからである。

　まず私が部活動に関係する○○になりきって一人称で語ってみる。具体的には、生徒、教員、保護者、校長、外部指導員、教員の家族、部活動を推進したい人々、文科省・教育委員会の8種の立場である。これらのニーズ把握は私の知人等の情報網と、先に述べた署名活動の自由記述を参考としており、全てリアルな情報を基に構成していることを付記しておく。

　そのあとで、研究者による文献や部活動改革に関するWEBサイトを紹介し、多角的に行われている部活動研究の状況を確認したい。

(1)「○○の立場」から見た部活動

　私が部活動に関わるさまざまな立場の人に（架空の）インタビューをした結果である。「こんな人いる・いる」と思っていただければ幸いである。

①生徒の立場から見た部活動
生徒A

　部活動って好きなことが出来るのが最高です。練習は厳しいけれど、上達してるってわかると嬉しいので、頑張れます。先生は厳しいけれど、いつも体育館にいてくれます。熱心ですが、怒るとチョーこわいです。授業は楽しくないけど、部活動は楽しいです。

生徒B

　部活動の練習は辛いです。吹奏楽部は運動部みたいです。ちょっとでも音が外れると先生からお説教です。コンクールの間近は特に大変です。楽器は重たいし、気持ちも重たくなります。

生徒C

　うちの学校は部活動に全員が入らなければいけません。苦痛です。一番楽そうな将棋部を選びました。鉄道研究部にすれば良かったけれど、オタクっぽいのがいるからやめました。

②教員の立場から見た部活動
教員D
　部活動は充実しています。生徒が慕ってくれます。卒業式には泣いてくれます。先生のおかげで楽しい学校だったと。先生ってやり甲斐のある仕事だと思います。どんなに負担があっても大丈夫です。土日もOKです。

教員E
　20代までは部活動に熱心に取り組んできましたが、今は限界を感じています。家族を持って、同じようにできないことに気づきました。できれば平日は週3回程度だといいですし、土日は休みか、どちらかでも休みにしてくれるとありがたいですね。子どもを風呂に入れて、寝かしつける生活を大切にしたいです。

教員F
　育休明けで学校に戻ったら顧問に復帰。保育園に迎えに行くので、早めに退勤することを校長にお願いしています。部の生徒には理解してもらっていますが、保護者にはあまりいい顔をされていません。同じ子どもを持つ親なのに…。

③保護者の立場から見た部活動
保護者G
　部活動はありがたいですね。土日も子どもの面倒見てくれますからね。おかげで好きなことができますよ。塾とかお稽古事は高いお金がかかりますけれど、部活動はそれほどかからない

ですからね。ママ友は中学生版託児所って言っていますよ。

保護者H
　顧問の先生が異動して、困った困った。あんなに熱心な先生っていなかったから。新しい先生はバレーボールの経験ないし、練習は週3回にするって言うから部の保護者会で文句言ってやったわ。そうしたら後日、副顧問をつけますって校長から言われた。言ってみるものね。ナイストスでしょ？　私、昔セッター。バレーボールは根性よ。

保護者 I
　部活動は素晴らしいのですが、少しやり過ぎではないかと思います。先生も大変でしょう。娘と家族旅行に行きたくても行けないのは、どうかな？　と思います。また練習も科学的な感じではなく、精神論のようです。練習のし過ぎで怪我がないか心配です。子どもの話だからどれだけ本当かわからないですけれど。

④校長の立場から見た部活動
校長J
　部活動は学校の責任で運営している以上、全教員で公平に分担したいほしいです。でも親の介護とか事情がある先生もいるから、そのぶん若手の男性に頑張ってもらいたいですね。

校長K
　部活動は大会で勝てば宣伝になるんですね。校舎の垂れ幕を

ご覧になりましたか？

　今年も全国大会に出場しました。自慢の学校ですし、自慢の生徒たち、自慢の先生方です。私の教科？　もちろん体育ですよ。

⑤外部指導員から見た部活動
外部指導員L
　大会目指してガンガンしごいています。泣き言をいってはダメ。根性あるのみです。限界に挑戦して乗り越えるから、感動があるのです。学校の先生方からは信頼されていますよ。任されています。

外部指導員M
　先生の負担が少なくなるなら、ということでお引き受けしています。どの程度まで関与したらよいか、事前に打ち合わせをしますが、顧問の先生も忙しいみたいで、なかなか意思の疎通を図るのが大変です。外部指導員ですから補助的な役割だとはわかっていますが、もう少し任せてくれてもいいのにと思う時もあります。他校の外部指導員は、待遇もいいみたいです。

⑥教員の家族から見た部活動
教員の妻N
　「部活未亡人」って呼ばれています。だって夫はほとんど家にいないの。平日は夜遅くまで部活、土日も部活、夏休みも部活。盆暮れは少し休めます。何のために結婚したんだろう？　私たち…。「部活離婚」した友人がいるの。私も同じになるの

かな？

教員の子どもO

　オヤジなら今日はいないよ。いつもいない。小さい頃から家族旅行もしたことないよ。夏休みも部活動やってるからね。もっとも俺も今は部活っすよ。すれ違いだね。こういうの「部活孤児」っていうんだって、このあいだ初めて聞いたよ。別にいいんじゃねえ（発音注意）。

教員の親P

　いくら20代で結婚していないからって、毎日遅くまで部活、土日も部活。授業の準備もほとんど出来ないって言っていたけれど、息子は大丈夫かしら？　最近体調が悪いみたいだし。彼女を見つける暇もないね、きっと。まあ、好きで先生になったし、部活も充実しているみたいだから見守っていくしかないでしょう。「部活未婚」って言うらしい。親がどうこう言う歳でもないしね。

⑦部活動を推進したい人々の立場から見た部活動
スポーツ関係者Q

　学校の部活動って本当にありがたいです。世界に誇れる日本の素晴らしい教育のシステムですね。何と言っても全国大会を頂点として、部活動で活躍した生徒が、やがてプロの選手やオリンピック等に出場する選手として育つシステムとしても機能していますからね。

　学校には施設もあるし設備もあります。人もいます。先生が

タダで熱心に指導してくれます。民間の団体に任せたら相当お金がかかりますからね。中体連や高体連は土日の大会も運営してくれますし、先生方が審判もしてくれます。若い先生にもしっかり後を継がせて頑張らせていますしね。一部の種目の全国大会はマスコミが主催してくれていますし、テレビ中継もしてくれます。宣伝効果もバッチリです。

　何よりも嬉しいのは部活動で活躍した人が教員になって部活動の顧問をしてくれること。再生産と循環の仕組みが出来上がっていますよ。スポーツは何と言ってもいい指導者がいないとね。

　わが国のスポーツは安泰。ちょっと少子化は困りますけれどね。

　こんなおいしい部活動の仕組みは簡単にはやめられませんよ。いや、やめてはいけません。学校から地域に移せ！なんて冗談じゃないですよ。

　残念ながら学校に施設・設備が備わっていない種目については学校外での養成になっています。でも出来るだけ学校単位でできるようにした方がいいですね。今度政治家に働きかけます。

新聞記者R

　全国大会の主催はわが社ですからね。他社に負けないように取材は念入りにやります。単純に結果を伝えるだけでは駄目です。試合に至るまでの部活動の様子を丹念に調べ上げるといいネタがありますね。そういうのと一緒に報道します。怪我を克服して頑張った例とか、レギュラーになれなかった生徒が病床から応援しているとか、合宿での先生と生徒の心の交流とか、

美談が出てくるとラッキーです。読者も期待していますからね。「ハンカチ王子」みたいな逸材が出てくると最高ですよ。あれ、私が最初にネーミングしたんですから。

⑧文科省・教育委員会から見た部活動
文科省担当官S

　部活動の顧問選択制を求める先生方の気持ちは理解しますが、国が出す通知にはなりえないですね。本省が教育課程外のことに指導助言することは出来ないからです。あくまでも校長が判断すること。学習指導要領に顧問の就任に関することを記述することは出来ないですよ。生徒の学習内容が基本ですからね。現在の記述が精一杯です。

　給特法の改定や廃止となると厄介な話ですね。議員さんに話を通しておかないといけません。ここ数年は政治主導で政策が進んでいるので、議員さんの言うことをしっかり聞いておかないといけません。

都道府県教育委員会人事担当者T

　今年の教員採用試験では部活動が指導できそうな人が多くて良かったですよ。国体の地元開催も近いし、各種目の経験者で指導が出来る人がいると助かりますね。

市町村教育委員会指導主事U

　文科省発の部活動の通知が県教委から来ていますが、今さら休養日と言われても現場が混乱しますからね。本市はスポーツが盛んで、多くの種目で毎年県大会では上位に入ります。練習

時間を規制したら、うちの市が弱くなりますからね。部活動の成果は市としても重要なんです。県大会では上位に、さらに全国大会に出場出来る力がある中学を今後も応援していきますよ。あの顧問の先生は異動させないように県教委に頼めるのかな？

⑨そして…

いかがだろうか？　あなたの近くにいる人ではないだろうか？

まずは、部活動にはこれだけ多くの関係者がいるということに注目してほしい。色々な立場の人が各々の思惑で考えているから、当然一筋縄ではいかない。休養日を適切に設けるようにと文科省が通知したところで、それが現場の学校には浸透しないのは1997年の通知がどうなったかを考えればわかるだろう。顧問が異動するとなると後釜を躍起になって探す例が次の(2)で紹介する中澤篤史さんの本でも紹介されている。部活動に関して"イケイケどんどん"の生徒もいれば、そうでない生徒もいる。教員も同様である。保護者の意識もまちまちである。

部活動に関する立場が変われば、これだけ考え方が違うということも確認しておく必要がある。例えば、教員Eと校長Jが同じ学校だったらどういうことが起こるだろうか？　教員Dの妻がNだったとしたら？　教員Fが顧問をしている部活動の保護者がHだったら？　実は、この架空のインタビューにはそのような楽しみ方（？）がある。他にもリアルな組み合わせはあるだろうから「この組み合わせだったらこうだ」という議論ができれば有益である。

では、その違いを乗り越えて、部活動の問題や課題に対して、

これらの人々の全て（でなくとも、できるだけ多く）の人々が納得できる解決策というのはあるのだろうか？　例えば教員の過重負担を減らすという時に、各々の立場の人はどう反応するだろうか？

　部活動の問題や課題は教育問題でもあるし、労働問題でもある。地域や家庭にも絡む問題でもあるし、国家的な戦略とも関係した課題でもある。近視眼的な視点や、自分の立場からだけではなく多角的に見ながら、さてどこから解きほぐすか？　を一緒に考えなければならない。

(2) 部活動研究の動向

　部活動に関する研究自体は多くなく、近年になって論文や文献の数が増えてきた分野である。教育研究分野におけるブルーオーシャン（未開拓分野）ともいえる。ここでは数ある中から本書の内容に関連するものを出版された年代順に紹介する。

①内海和雄『部活動改革　―生徒主体への道―』（不昧堂出版）1998年

　部活動の意義、歴史、問題点、行政の構造、イギリスの部活動と、多角的に部活動のあり方を論じている。生徒主体、自治の視点での部活動改革を提言している。本格的な部活動研究の書として1990年代に記され先駆的である。

② 西島央編『部活動 ―その現状とこれからのあり方―』
（学事出版）2006年

　部活動の実態について教育社会学の視点で各種データを用いて明らかにしている。活動に参加している生徒に対するアンケート調査、観察調査、インタビュー調査など重層的に分析しており、部活動研究のデータ解析としては先駆的で示唆に富んでいる。

③ ODECO子ども生活研究所編『イマドキの［部活動］―中学校の現状に問題提起！―』（メタ・ブレーメン）2011年

　部活動の外部コーチ、研究者、精神科医、大学教授2名、アスレティック・トレーナー、子ども向けスポーツスクールビジネスの会社社長の7名の識者が部活動の現状、あり方、指導者に求められること、運営等について多様な視点から論じている。

④ 林幸克『高校生の部活動 ―インターアクトクラブが拓く部活動の新たな展開―』（学事出版）2012年

　高等学校の文化部活動の1つであるインターアクトクラブを対象にして、活動に対する高校生の意識・実態、活動による学習効果等を量的および質的調査から明らかにしている。高校における部活動の新たな展開とその可能性を提案した。

⑤ 中澤篤史『運動部活動の戦後と現在 ―なぜスポーツは学校教育に結び付けられるのか―』（青弓社）2014年

戦後から現在までの運動部活動の歴史をたどり、フィールドワークや教員・保護者の声を聞き取ること等を通して、運動部活動の内実を解明している。自由に楽しむスポーツと強制をともなう学校教育の緊張関係を「子どもの自主性」という視点から分析して、日本の運動部活動の特異性を浮き彫りにした。

⑥杉本直樹『部活動指導スタートブック　―怒鳴らずチームを強くする組織づくり入門―』(明治図書) 2015年
　現職の中学校教員の立場から部活動のあり方、指導方法について考察している。特に部活動の組織づくりに力点を置いて建築に例えながら論じている。マネジメントの視点から論じ「部活動経営哲学」をもった指導スタイルの確立を説いた。

⑦内田良『教育という病　子どもと先生を苦しめる「教育リスク」』(光文社) 2015年、第4章「部活動顧問の過重負担　―教員のQOLを考える―」161-203頁
　学校教育におけるリスクの視点から、教員のQOL（quality of life：生活の質）に着目して部活動顧問の過重負担について、エビデンスに基づいて実証している。部活動の位置づけ、顧問の勤務の実態等から部活動を巡る現状と課題を明らかにし問題提起した。

⑧神谷拓『運動部活動の教育学入門　―歴史とのダイアローグ―』(大修館書店) 2015年
　「運動部活動の教育学」を開拓していく必要があるとし、学校教育の一環としての運動部活動を確立していくための歴史と

のダイアローグ（対話）を丹念に行っている。なぜ運動部活動は学校にあるのか、学校で実施するとしたらどのような教育目標や内容、指導方法が求められるのかについてビジョンを提示している。

⑨神谷拓『生徒たちが自分たちで強くなる部活動指導 ―「体罰」「強制」に頼らない新しい部活づくり―』（明治図書）2016 年

運動部活動を自治集団活動として指導する方法について記されている。前著⑧と同様、部活動を結社の自由を体現するものとして捉え、「自治」を基軸にした部活づくりとその方法について論じている。

⑩関朋昭『スポーツと勝利至上主義 ―日本の学校スポーツのルーツ―』（ナカニシヤ出版）2015 年

マネジメントの視点から日本の学校スポーツ、部活動のあり方を分析している。勝利至上主義は決して悪いことではなく、否定されるものではない、スポーツである以上完全に避けることはできないと主張している。

⑪友添秀則『運動部活動の理論と実践』（大修館書店）2016 年

体罰・暴力、勝利至上主義、顧問教員の過重労働など多くの問題を抱える運動部活動を改善するための方策を多角的に分析している。部活動の歴史やあるべき姿、科学的な指導法等について論じ、教育的意義を実現する方策を示した。

⑫中澤篤史『そろそろ、部活のこれからを話しませんか ―未来のための部活講義―』(大月書店) 2017 年
　部活動の歴史、現状、政策等を多角的に論じ、2つの「守る」(生徒の命を守る、教師の生活を守る) を軸に考察している。その上で部活の未来 (これから) をどうデザインするかを論じている。部活動の過去、現在、未来をトータルに知る上でのバイブル的文献と言える。

　これらのうち、②西島の論考は部活動に関する意識調査として先駆的であり、部活動の歴史については①内海、⑤中澤、⑧神谷のものが有益である。顧問教員の過重負担に特化したものは⑦内田のものである。運動部に特化したものとしては⑤中澤、⑧神谷、⑩関、⑪友添のものが示唆に富んでおり、④林の論考は数少ない文化部の研究として貴重である。実践に即したものとしては⑥杉本、⑨神谷のものがわかりやすい。③ODECO子ども生活研究所、⑫中澤の論考は総合的に網羅されている。
　さらに最新刊のものとして、以下の2冊も紹介する。本書も含め部活動に関する文献は確実に増えてきていることがわかる。

⑬島沢優子『部活があぶない』(講談社) 2017 年
　教員にとっても生徒にとってもブラックな部活という認識のもと、その実態や解決に向けた方策について、多様な分野の人々へのインタビューの結果を駆使して説明している。

⑭内田良『ブラック部活 ―子どもと先生の苦しみに向き合う―』(東洋館出版社) 2017 年

部活動の問題をいちはやく社会に問い、啓発してきた著者が、現時点での部活動に関する諸課題を整理し詳しく説明している。ほぼ全ての課題が網羅されていると言ってよい。

なお、これらの文献の全てに共通しているのは、自発的・自治的活動という部活動本来の意図・意味に立ち返って論じているということである。このことは部活動のあり方や今後の改革を考える上で重要な示唆を与えてくれる。神谷の「結社の自由」、内田の「ゆとり部活動」、中澤の「自主性の罠」など、いくつかのキーワードがヒントを指し示してくれているように思う（この項では執筆者の敬称を省略した）。今後の研究や実践においてこれらをどのように整理し、実践に役立て、改革の道筋を作るのかが重要であろう。

(3) 部活動改革に関するWEBサイトの動向

次に、部活動改革に取り組んでいる団体のWEBサイトや個人のブログサイトを紹介する。

①部活問題対策プロジェクト

http://www.geocities.jp/bukatumondai/

　2015（平成27）年12月に6人の現職教員が立ち上げた団体。2016（平成28）年3月、文部科学省に顧問の選択制についての要望書と署名を提出した。詳しい経緯については本書の中で紹介している。筆者は同団体の顧問を務める。

②ヤフーニュース「リスク・リポート」

https://news.yahoo.co.jp/byline/ryouchida/

　部活動改革の先鞭をつけた名古屋大学大学院の内田良さんが執筆している。リスクをキーワードに部活動を含めた学校教育の課題、事故や暴力被害等について問題提起をしている。

③部活改革ネットワーク

https://twitter.com/net_teachers_jp

　2017（平成29）年4月に現職教員が立ち上げた団体。部活動のあり方に疑問を持ち、改革をしていこうと意欲的に取り組んでいる。改革に向けて全国ネットワークを形成しつつ、各地でオフ会を開催し、語り合いと情報交換を繰り返している。④の教働コラムズのサイトに特設ページが設けられている。（※設立当初のツイーターのプロフィール画面）

④教働コラムズ

https://www.kyodo-bukatsu.net/

　教員の働き方について疑問を持っている教員、民間の人々、教員の家族が 2017（平成 29）年 4 月に立ち上げたサイト。悩める教員や教員の家族、生徒、保護者などの思いをコラムとして掲載している。生々しい声を知ることができる。③の部活改革ネットワークについての特設ページが設けられている。

　以降は個人のブログである。私が顧問を務める「部活問題対策プロジェクト」のメンバーのものを中心に紹介することにする。

⑤公立中学校　部活動の顧問制度は絶対に違法だ！！

http://bukatsu1234.blog.jp/

　「部活問題対策プロジェクト」のメンバー・真由子さんのブログ。通称「真由子ブログ」。部活動の顧問制度の矛盾や問題にいち早く気づいて社会問題として啓発した。各種メディアでも取り上げられ話題になっている。このブログを知らないで部活動改革を語ることはあり得ない。

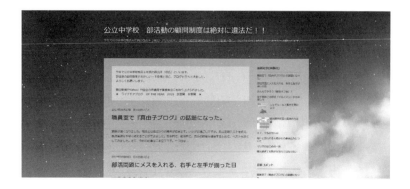

⑥部活動の顧問は拒否するべし！

http://bukatsu-is-volunteer.blog.jp/

「部活問題対策プロジェクト」のメンバー・神原楓さんのブログ。法律に詳しい神原さんならではの情報量。学校で顧問を断る方略も詳しく伝授している。

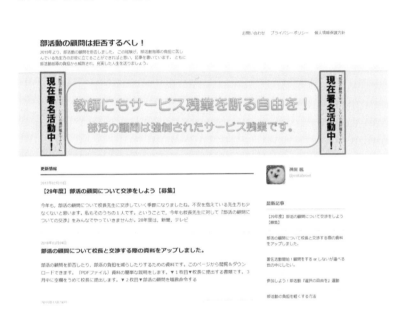

⑦生徒の心に日をつけるためのブログ

http://blog.livedoor.jp/aoihorizon/

「部活問題対策プロジェクト」のメンバー・藤野悠介さんのブログ。部活動の問題を中心に学級経営、授業実践についても発信している。ゆとり部活動の進め方が理解できる。

⑧部活動のあり方はおかしい！

http://blog.livedoor.jp/yutakenta/

　「部活問題対策プロジェクト」のメンバー・ゆうけんさんのブログ。部活動の矛盾や諸課題について告発している。文科省への署名活動の経緯なども詳しく語られている。

⑨高校教師いぬいのブログ（部活問題）

http://inui.blog.jp/

　熱心に部活動改革について語っているブログ。更新頻度も高い。部活動は学校から地域（社会教育）に移行すべきだと強く主張している。

⑩部活動という教育問題

http://ameblo.jp/sela-lanmaru/

　部活動改革に向けた考察や実践について、斬新な切り口で提言している世良蘭丸さんのブログ。世良さんは各地のオフ会に参加し、情報交流の輪を広げている。

　以上のように、種々の団体が部活動改革に向けて動き出している。個人のブログも充実してきている。

　「部活動改革元年」だった2016（平成28）年はSNS等の情報交流・意見交換が中心であったが、2017（平成29）年はKMK（顔の見える関係）で部活動改革が進展し始めたと言える。その契機になったのは筆者が同年3月に企画・主催した「部活動のあり方を考え語り合う研究集会」（後述）であった。

　次の章では、これらをふまえて部活動改革の道筋を述べることにしよう。

> コラム3

長沼と部活動（大学教員時代）「顧問を拒否する」の巻

　大学の教員になって驚いたのは、本学の部活動は全員顧問制ではなかったことだ。しかも複数の顧問をしている先生もいれば、全く担当していない先生もいた。部活動は基本的に学生が自主運営をすることになっており、顧問教員は書類に押印したり、何かトラブルが起こった時に相談に乗ったりするだけだ。

　初任の時に学生課（当時）から声がかからなかったので、10年くらいは顧問無しの状態が続いた。学生課に聞いてみると、顧問は学生が見つけて依頼をするのだそうだ。つまり誰かがやめない限り就任依頼はないとのことで、停年退職した後に誰かを探すことになる。しかし大概は、その後任の教授にお願いすることになるので、無い先生は無いとのことだった。BDKだった私は、何だか寂しい気持ちになったのを覚えている。

　そんな私にも就任以来が来たのは5年前のことである。軽音楽のバンドだった。喜んで引き受けたのはいいが、学生がいい加減だったのには閉口した。詳しくはここに書かないが、注意をしてもう一年様子を見たが改善されなかったので、翌年には顧問を拒否した。

　大学の場合、学生との関わりはほとんどなかったが、書類に押印することからわかるように何かあれば管理責任は問われるという性質のものだった。そういう位置づけであることは立場上仕方がない。しかし本学の山岳部の学生が遭難事故を起こし

た際、顧問の教授がテレビに写っていたのを見て、なんだかなあと思ったものだ。

　まさか私が部活動の顧問を拒否するとは思ってもみなかった。本書で述べている部活問題対策プロジェクトの先生方の顧問拒否とは性質が異なるが、実は私も顧問を拒否した経験者だったのだ。そう、同志である。ちなみに私は同プロジェクトの顧問をしているが、顧問就任の選択権はなく、拒否は出来なかった（汗）。

4. 部活動改革への道筋

　部活動という不思議な世界。問題山積の世界でもある。どのように解決するのか。改革の道筋を描いてみる。

(1) 動き出した2016年（部活動改革元年）

　2015（平成27）年末の時には部活動に関する改革がこれほど進展するとは思ってもみなかった。そこで私は2016（平成28）年を「部活動改革元年」と称している。ただしどのような「元年」にも前史があり、「真由子さんのブログ」(http://bukatsu1234.blog.jp/)や、内田良さんの『教育という病 ―子どもと先生を苦しめる「教育リスク」―』（光文社、2015年）がその役割を担っていたことは言うまでもない。

　ここでは2016（平成28）年にどのような改革が進んだのかについてまとめてみる。（この項の一部は拙稿「部活動顧問の過重負担問題　―部活動改革元年とこれから―」、「季刊教育法」192号、エイデル研究所、2017年、pp.32–39を初出とし一部加筆修正した）。

①要望書・署名の文科省への提出

　1. で述べたように、2016（平成28）年3月3日、部活問

題対策プロジェクトは、顧問選択制に関する通知を求めて文部科学省に要望書と署名を提出した。提出前に私が助言したのは要望書の記述内容と提出先についてである。

　まず要望書の記述内容については、文部科学省に実現可能な施策であると理解してもらえるようにすることが肝要であると助言した。これまで本業や研究会、学会、PTA活動など種々の機関で改革を主導する経験をした私の改革のポリシーは（a）どんな事象にも必ずそうなっている原因があるため、それを突きとめて理解した上で行う、（b）現状に満足している人々もいるから慎重に進める、（c）10割は難しいが、できる限り多くの人に納得してもらえる改革を目指す、である。これに基づいて助言した。

　（a）については歴史的な背景をふまえた上で理論武装することが重要であり、なぜ全員顧問制になっているのか、なぜサービス残業が放置されているのか等を知った上で方策を考える必要がある。これには前述した中澤篤史さんの『運動部活動の戦後と現在 ―なぜスポーツは学校教育に結び付けられるのか―』（青弓社、2014年）や、神谷拓さんの『運動部活動の教育学入門 ―歴史とのダイアローグ―』（大修館書店、2015年）が特に役立った。（b）についてはBDK（部活大好き教員）や管理職など、部活動は当たり前、過重負担は当たり前という人々もいることを前提に考えることである。意見対立が起こりそうな人々を想定して取り組む必要がある。（c）については教員だけでなく、生徒、保護者、校長、地域の人々に支持してもらうような着地点を見いださなければならない。教員の過重負担は解消されたが、他の人々の不満が残るようでは長続きしないから

である。となると顧問選択制だけでよいわけはない。仮に一人の教員が顧問就任を拒否することが認められても、全員顧問制で成り立っている以上は、誰か別の教員が担当を依頼されて、しわ寄せがいく（一人で複数の部を担当とか）。だから言い出せないということでもあり厄介な部分である。また顧問がいないことで廃部になる場合には生徒に影響が出る。顧問選択制を認めてもらうためには全員顧問制を崩す周到な手立てが必要となるわけである。その1つのアイディアが顧問選択制と外部指導員制をセットで導入することである。（ただし外部指導員の導入には条件および環境整備が必要であり、逆効果にならないような歯止めも必要である。）

　次に提出先であるが、当時ちょうど中央教育審議会が学習指導要領の改訂に向けて審議しており、ここに向けても発信しておくことが重要だと考えた。提出先に中央教育審議会を加え、中学校は学習指導要領の総則に記載されていることもあり、総則について協議している部会にも提出するよう助言した。

　以上のような助言をしたところ、メンバーは何度もやりとりをしながら要望書を修正・加筆してくれたのである。そして2016（平成28）年3月3日、要望書と署名を提出する日を迎え、代表の小阪成洋（当時のペンネームは本間大輔）さんに付き添う形で文部科学省に同行した。私の知っているかたを通して受け取りを依頼しておいたところ、関係する全ての部署の担当官が一堂に会する形での提出となった。

　要望書と署名の活動についてはメディアの協力もあった。署名活動が始まると朝日新聞の氏岡真弓さんが2016（平成28）年2月13日に記事にして大きく取り上げた。また文部科学省

への署名提出後も同年3月8日に記事となって紹介された。このことが契機になって、部活動問題は一気に社会問題化する道筋を歩んでいく。

②その後の社会的動向

その後の社会的動向と部活動顧問の問題をどのように考えるか?

要望書と署名の提出後の部活問題対策プロジェクトの活動と文部科学省の施策の動向をまとめると表4-1のようになる(私の動向も含む)。部活問題対策プロジェクトの署名提出が契機となって、文部科学省が施策として取り組みを進めたことがわかる。部活動顧問の過重負担の問題は社会問題としてクローズアップされ、私も各種メディアに取り上げられた。

表4-1 部活動顧問の過重負担問題をめぐる動向（2016年を中心に）筆者作成

	部活問題対策プロジェクト	文部科学省	長沼
2015年12月23日	6人の教員が団体を立ち上げる		
2016年2月13日			朝日新聞コメント
2016年3月3日	教員の顧問選択制の要望書と署名を文科省に提出		
2016年3月14日			東京新聞コメント
2016年4月		大臣政務官を座長とする「次世代の学校指導体制にふさわしい教職員の在り方と業務改善のためのタスクフォース」を省内に設置	「全国一斉NO部活動デー」を提唱（毎月ゼロのつく日）
2016年4月13日			TBSテレビ「Nスタ」でコメント

2016年5月9日			法学館憲法研究所サイト「部活動顧問の過重負担問題について」
2016年6月13日		タスクフォースの報告「学校現場における業務の適正化に向けて」を公表	
2016年6月28日	中央教育審議会に要望書を提出		
2016年7月25日			北海道新聞コメント
2016年8月5日	生徒の部活動加入の選択制に関する嘆願書を文科省に提出		
2016年9月	学習指導要領の記述内容に関するパブリックコメント提出を呼びかけ		
2016年12月15日		スポーツ庁が調査結果を公表	
2016年12月20日			ＴＢＳラジオ「荻上チキ・Session-22」「中学校の部活動を考える」
2016年12月21日		中央教育審議会答申	
2017年1月6日		休養日を適切に設定するよう教育委員会に通知	
2017年1月6日		部活指導員を学校職員として位置づけるよう学校教育法施行規則を一部改正することを発表	
2017年1月	外部指導員を位置づけることについてのパブリックコメント提出を呼びかけ		
2017年1月23日			東京新聞コメント
2017年2月9日			ＮＨＫテレビ「視点・論点」「部活動顧問と"働き方改革"」

4. 部活動改革への道筋

2017年2月14日		新学習指導要領案発表	
2017年2月	学習指導要領案の記述についてのパブリックコメント提出を呼びかけ		
2017年3月26日			第1回部活動のあり方を考え語り合う研究集会 in 目白を開催
2017年3月31日		新学習指導要領告示	
2017年4月		部活指導員を学校職員として位置づけ(施行)	部活動改革幕府を設置し、各都道府県に守護を募集

　これらのうち文科省の施策を中心に改革の方向性を確認しよう。

　まず部活問題対策プロジェクトが文部科学省に要望書と署名を提出した翌日、記者会見で馳大臣(当時)は「その方々と私は、問題意識の通底するところで共有しているところがあると思っています」と発言した。これを契機にして文部科学省は部活動顧問の過重負担問題に取り組んでいくことになる。

(a) タスクフォースの報告(2016年6月13日)

　まずは「次世代の学校指導体制にふさわしい教職員の在り方と業務改善のためのタスクフォース」が協議して発表した報告「学校現場における業務の適正化に向けて」がある。この中で「教員の部活動における負担を大胆に軽減する」とし、その改革の基本的な考え方の要点は「適正・適切な休養を伴わない行き過ぎた活動は、教員、生徒ともに、様々な無理や弊害を生む」「教員の勤務負担の軽減のみならず、生徒の多様な体験を充実させ、健全な成長を促す観点からも、休養日の設定の徹底をはじめ、部活動の大胆な見直しを行い、適正化を推進する」

となっていて、かなり踏み込んだ表現になっている。内容は「(1) 休養日の明確な設定等を通じ、部活動の運営の適正化を推進する」と「(2) 部活動指導員の配置など部活動を支える環境整備を推進する」の2本立てである。私は特に以下の提言に注目した。

> 学校での部活動は、教育課程外の活動として、あくまで生徒の自主的、自発的な参加により行われるものであり、その参加については、生徒一人一人の考えを大切にすることが必要である。また、豊かな人間性や社会性を育むためにも、生徒が、部員以外の多様な人々と触れ合い、様々な体験を重ねていくことも重要である。かかる観点から、部活動に拘束されすぎることがないようにすることが求められる。他方で、教員の中には休養日もなく部活動指導を行っている実態もあり、大きな負担を強いることで部活動が成り立っている状況は正常ではなく、適正化を図る必要がある。部活動の顧問になるにあたっては、各学校長が、教員の専門性や校務分担の状況に加え、負担の度合い、地域人材の活用の可能性等も踏まえて適正に行うことが必要である。

顧問選択制と明確に記述しているわけではないが、学校長に一歩踏み込んだ適正化を促していることは特筆してよいだろう。また生徒の過重負担にも触れており、強制入部についても苦言を呈していることがわかる。文部科学省が出した文書としてはかなり画期的なものだったと考える。

これらの改革を進めるためのロードマップが図4–1である。

2016年は、ほぼこの通りに進んだことから評価してよいと考える。今後もこのロードマップのとおり進むかどうかをチェックしていく必要があるだろう。

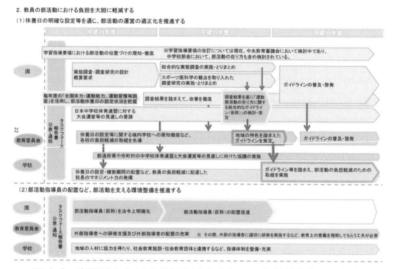

図 4-1　部活動における負担を減らすための文部科学省の工程表
(出典：文部科学省「学校現場における業務の適正化に向けて」(2016.6.13) p.22)
http://www.mext.go.jp/a_menu/shotou/uneishien/detail/__icsFiles/afieldfile/2016/06/13/1372315_03_1.pdf

(b) 中央教育審議会答申（2016 年 12 月 21 日）

「幼稚園、小学校、中学校、高等学校及び特別支援学校の学習指導要領等の改善及び必要な方策等について（答申）」である。学習指導要領改訂の方向性を打ち出した答申の中で、各学校段階の教育課程の基本的な枠組みについての中学校に関する記述（p.98-101）のうち p.100-102、すなわちほぼ半分が部

活動についての記述となっていることに注目したい。中央教育審議会の委員が部活動顧問の過重負担問題を重視してくれたことがわかる。

部活動に関して書かれた項目の記述のタイトルが「将来にわたる持続可能性を踏まえた部活動の在り方」となっており、学習指導要領の記述では持続可能性がキーワードになることがこの時点でわかった。

内容で私が注目したのは「短期的な成果のみを求めたり、特定の活動に偏ったりするものとならないよう、休養日や活動時間を適切に設定するなど、生徒のバランスの取れた生活や成長に配慮することが求められる」「教員の負担軽減の観点も考慮しつつ、地域や学校の実態に応じ、地域の人々の協力、社会教育施設や社会教育関係団体等、各種団体との連携など、生徒にとっても多様な経験の場となるよう、運営上の工夫を行うことが求められる。」という記述である。前段では活動の内容や方法に釘を刺しており、あり方を提示している点で評価できる。後段の内容は学習指導要領の本文に反映されることになった。

(c) 文部科学省・スポーツ庁による通知（2017年1月6日）

「平成28年度全国体力・運動能力、運動習慣等調査の結果の取扱い及び活用について（通知）」は文部科学省とスポーツ庁が連名で教育委員会に向けて出したものである。前述したスポーツ庁の調査結果をふまえ「一週間の中で休養日を設定していない学校や、一箇月の中で土曜日や日曜日の休養日を設定していない学校においては、学校の決まりとして休養日を設定すること等を通じて、運動部活動の適切な運営を図ること」と通

知している。

　1997年に文部省（当時）が休養日の設定について「中学校は週2日以上」「高校は週1日以上」と目安を示したものの無視された状態が続いてきたことを考えれば、今後この通知内容がどこまで学校で実現可能性があるものになるかがポイントとなるだろう。

(d) 新学習指導要領告示（2017年3月31日）
　新しい中学校学習指導要領の総則には部活動について以下のように述べられている。

> 教育課程外の学校教育活動と教育課程の関連が図られるように留意するものとする。特に、生徒の自主的、自発的な参加により行われる部活動については、スポーツや文化、科学等に親しませ、学習意欲の向上や責任感、連帯感の涵養等、学校教育が目指す資質・能力の育成に資するものであり、学校教育の一環として、教育課程との関連が図られるよう留意すること。その際、学校や地域の実態に応じ、地域の人々の協力、社会教育施設や社会教育関係団体等の各種団体との連携などの運営上の工夫を行い、持続可能な運営体制が整えられるようにするものとする。

　これによると部活動の学校教育における位置づけに変更はなかった。「学校教育の一環」であることも従来通りである。したがって曖昧さは変わっていない。私が注目したのは「持続可能な運営体制」という言葉である。むろんこれは全員顧問制を

持続するという意味ではない。前段から外部指導員、外部機関の助力・連携のもとという前提での話であることを指摘しておきたい。今後「チーム学校」の考えを進め、部活動を支援する仕組みを早急に構築するよう求めていかなければならない。

(e) 部活動指導員を学校職員として位置づける法改正（2017年4月）

　学校教育法施行規則に新たに規定を設け、部活動の指導を行う指導者を学校職員として位置づけることになり4月から施行された。外部指導員を内部指導員にしようという改革である。これにより土日の活動や大会引率などは顧問教員でなくても引率可能になる。課題としては学校職員である以上、自治体の人件費に関係してくるため、余裕のある自治体しか導入しない可能性があるという点である。既に独自に予算をとって外部指導員制度を導入している自治体もあるが、今後どの程度波及していくのか、確認と検証が必要である。

　また、指導員の質の保障・担保が求められるため、採用方法や研修制度の構築など課題もあるだろう。さらには学校における指導体制がどのようなものになるかがポイントになる。指導員が入ることで教員の負担が増えるという本末転倒なことにならないよう釘を刺しておきたい。私の考えは1つの部を教員と指導員の両方に担当させるのではなく、指導員は単独で担当することを推奨したい。複数体制にすると、現在の正副顧問の関係と同様になり、その負の側面を引き継ぐ可能性があるからである。

(f) 各地域の動向

　文部科学省やスポーツ庁の通知を受けて、またはそれらの通知とは別に、部活動改革に向けて動き出した地域もある。以下、新聞記事から抜粋する。

　　大阪府教委は18日、多忙な教員の負担軽減のため、全府立高校と支援学校計182校で午後7時までに全校一斉に帰宅する日と、部活動をしない日を週1日設けるよう義務付けると発表した。来年1月から試行し、4月から本格実施する。（毎日新聞2016年11月18日）

　　愛知県の有識者からなる「教員の多忙化解消プロジェクトチーム（PT）」は多忙化解消の取り組みに関する提言を同県教委に提出した。部活動指導については、勤務日の勤務時間外に行う指導がボランティアであり、土・日曜日の指導での手当は少額であると現状を押さえた。その上で現状が改善できないのならば、教員の業務から部活動指導を外すべきだとしている。また教員だけが部活動指導を行うことのないよう、部活動指導員や、部活動の指導経験が豊富な再任用教員の活用を求めた。（教育新聞2016年12月13日）

　　小松、加賀、能美、川北の4市町教委が、新年度から日曜日に中学校の部活動を行わない方向で協議を始めたのは、部活動の休養日を適切に設けるよう求める文部科学省の通知を受けての対応だろう。特に運動部の生徒の場合、

休みのない「部活漬け」の生活では心身ともに疲れ果て、けがをしやすくなり、勉強もおろそかになりがちだ。休養日の設定は、生徒や教員の負担を減らすという点で好ましく、県内全ての市町教委で導入を進めたい。（北國新聞2017年3月3日）

　川崎市教育委員会は25日、市立中学校全52校を対象に行った部活動に関する実態調査の結果を明らかにした。生徒と教職員のそれぞれ約3割が週平均の活動日数を「7日」、生徒の約4割が「もっと休日が欲しい」と回答するなど、部活動の負担が大きい実態が浮かび上がった。課題を審議してきた市の専門会議は「週に最低1日の休養日を設定」「ノー部活動デーを月予定の中に設定」など5項目を提案。市教委が全校での実践を要請する。（神奈川新聞2017年4月26日）

　長時間勤務が問題となっている教職員の負担軽減のため、京都府舞鶴市教育委員会はこのほど、市立学校の勤務時間適正化に向けた方針を定めた。5月から中学校で部活動を行わない「ノー部活デー」や、できるだけ残業をしない「健康推進日」などを始める。京都府教委などによると、取り組みを方針として定めたのは府内では珍しいという。（京都新聞2017年4月30日）

　ここに示したのは一例である。同様に改革に着手した自治体は多数ある。スポーツ庁による通知（2017年1月6日）の影

響もあるだろう。一方で、同通知が全く知らされていない学校もあることを情報として入手している。情報を止めているのはどこだろうか？ 都道府県教委、市町村教委、校長会、校長のどこかである。通知の普及度を調査する機関もしくは研究があってもよいのではないだろうか。そうでないと、無視された1997年通知（中学では週2日以上、高校では週1日以上休養日を設けるように促した通知）の二の舞になるのではないか。

③長沼はどう動いたか？

私はと言えば、部活動顧問の働き方改革に向けて、先駆的な役割を果たしている内田良さん、部活問題対策プロジェクトのメンバー、企業で働き方改革を進めている小室淑恵さんらと連携しながら、種々の取り組みを始めた。以下は、個人で発案して始めた種々の取り組みである。

図4-2 「全国一斉NO部活動デー」ロゴマーク

(a)「全国一斉 NO 部活動デー」の提唱（2016 年 4 月）

　毎月ゼロのつく日、10 日・20 日・30 日は生徒も教員も部活動を休んであり方を考える日にしようという「全国一斉 NO 部活動デー」を提唱した。

　これはたった一人の教員でも始められる。何人かの教員が一緒にでも構わないし、学校全体でも構わない。できるところからできる時に始めるのが改革の一歩だ。この日が平日であれば授業の準備等に時間を充てることができる。土日であれば、少なくとも連続勤務日数が 100 日というような教員はいなくなる。始めてみて、授業の質が上がったというような成果や、何か問題点が出てくるのかどうか、などをぜひ共有してみてほしい。休養日がある方が生徒もリフレッシュして活動の質が上がったという例も報道されている。"働き方改革"というのは「量より質が大切」ということを示して成果を出すための改革である。仮に抜け駆けをする教員がいたとしても、量より質という価値観が全国で浸透すれば、同調圧力が働く業界だけに変わっていくものと思われる。

　この「全国一斉 NO 部活動デー」については東京新聞の細川暁子さんが取り上げてくださり、2017（平成 29）年 1 月 23 日に記事になった。以下は記事からの引用である。

> 　そもそも部活は教育課程外の活動で、教師に顧問を務める義務はない。だが実際にはほとんどの教師が半ば強制的に部活顧問を担わされているのが実情だ。「学校内には、教師は熱心に部活指導をするべきだという『同調圧力』がある。保護者や世間も、長い時間部活指導する教師ほど

『子どもに尽くすいい先生』だと評価しがち」。私立中学での教員経験がある学習院大（東京都豊島区）教育学科の長沼豊教授は言う。

　長沼教授は、企業は「残業を減らしても、収益や売り上げが落ちなかった」などの業務改善例を示しやすい一方で、教師は「部活の練習日数を減らしても、大会でいい成績を収めた」などの成果を示しにくいと指摘。教師は部活の活動内容を縮小しにくい環境に置かれていると強調する。

　長沼教授は、覚えやすいように毎月ゼロの付く「10」「20」「30」日は部活を休む「ノー部活動デー」にすることを提唱。職員室に貼れるようにと作ったロゴマークを、自身のホームページで印刷できるようにもしている。「一斉に休んで『部活動改革』に取り組み、長時間労働を解消してほしい」と話す。

(b) 部活動のあり方を考え語り合う研究集会（2017年3月26日）

　私の研究室が主催して「第1回部活動のあり方を考え語り合う研究集会 in 目白」を学習院大学で開催した。それまでSNS等顔の見えないネットワークで議論されてきたものも大切にしつつ、KMK（顔の見える関係）でも部活動改革を進めようという趣旨で企画したのである。登壇者には新刊を出版されたばかりの中澤篤史さん、部活問題対策プロジェクトの本間大輔さん（当時のペンネームで現在は小阪成洋さん）をお迎えし、個々のプレゼンや私との鼎談、そして第3部はフロアの参加者からの発言を交えたトークセッションで構成した。定員100名で呼びかけたところ、96名の参加応募があり、登壇者

およびに当方の大学院生・卒業生をはじめスタッフと合わせると約110名が参加した一大イベントになった。

　第1回ということもあり、種々の問題が次々と参加者から発せられた。司会をしている私が発言の挙手を促すと一気に20名ほどが挙手をしたのは壮観だった。通常の研究会では考えられないことである。それだけ部活動の問題を熱心に語り合いたい、解決したい、聞いて欲しいということなのだろう。参加者の属性は、おおむね教員とそれ以外が半々であった。

　なお、本間（小阪）さんは初の顔出しで、会場にはゆうけんさんも駆けつけた。第3部で挙手して発言した人が、自分がゆうけんさんであることを告げると、どよめきが起こった。部活動問題を取り上げているツイッターユーザーの間で、いかに部活問題対策プロジェクトが有名であるかがわかった瞬間だった。

　この成果をふまえ、引き続き部活動のあり方を考え語り合う集会を開催し、さらに本質的な協議ができればよいと考えている。第2回は大阪大学大学院の小野田正利教授の研究室とのコラボで8月に大阪大学で開催する予定で、今後各地での開催も視野に入れている。

(c) 部活動改革幕府と部活動守護・地頭の配置（2017年4月）

　SNSによる発信で部活動改革に向けた協議がずいぶん進展したが、ツイッターは匿名であり、地元のことは発信しにくいという人もいる。そこで私が各都道府県、各市町村の人から情報を得て、代理で発信できれば各地域のリアルな情報が全国で共有できるのではないかと考えた。これを幕府と守護・地頭の関係になぞらえて企画したのが、部活動改革幕府と部活動守護・地頭の仕組みである。SNSとKMK（顔の見える関係）の間をねらった発想である。

　以下は、私のWEBサイトに掲載した部活動守護・地頭を募集する呼びかけ文である。守護は先行して4月から、地頭は5月から募集を始めた。（https://naganuma55.jimdo.com）

【部活動改革のための「守護・地頭」を募集】
■部活動「守護」「地頭」とは
部活動改革2年目は、部活動で疲弊している先生がたを「守る・護る」活動を展開していきます。そのために、まず全国ネットワークを形成します。
全国各地の部活動改革について同じ思いをもったかたに守護・地頭になっていただき、情報を提供していただきます。
守護は都道府県単位、地頭は市町村単位での情報発信をしていただくかたで、どちらも任期は一年、再任は可です。

★7月20日現在、17都府県22名の部活動守護が活躍しています
★地頭は5月14日から募集を開始しました（10郡市区11人

が活躍しています)
★任期途中でも、守護から地頭への変更、地頭から守護への変更もOKです

■守護・地頭のお役目
守護はご自身の都道府県の部活動の状況について
地頭はご自身の市町村(または学校)の部活動の状況について
飛脚にて幕府(長沼)に情報を教えてください。(概ね2ヶ月に1回程度)
いただいた情報は長沼がTwitterで発信します。
その際「○○県守護から」「○○市地頭から」と冒頭につけて発信します。
地名がついたリアルな状況・情報が全国に発信されます(これがこの仕組みの意義です)。

※守護・地頭ご本人からの発信を妨げるものではありません
※飛脚手段は電子メール、Twitterのメッセージのどちらか

■守護・地頭の条件
1. 年齢・職業等は問いません
2. 部活動の現状を改革しなければならないとお考えのかた
3. 上記のお役目を遂行していただけるかた

■守護・地頭への就任を希望するかたの応募方法
下記を記入してメールで御一報ください。
1. 志望理由

2. 守護は都道府県名、地頭は市町村名
3. お名前（実名またはTwitterアカウント名のどちらか）
4. 職業→教員かその他（一般）か？
5. 連絡先（メールアドレスまたはTwitterアカウント）を明記してください。

※3、4を伺うのは本システムの信頼性を保つためです（ご理解ください）
※上記の個人情報を外部に公開することはありません
※各自治体で複数のかたが就任することもあります

■備考
1. 守護・地頭、幕府という名称を使用していますが封建時代の関係性ではなく、一緒に部活動改革を推進していく同士です。ご理解ください。
2. 守護・地頭に報酬はありません

【企画・実施】学習院大学文学部教育学科長沼豊研究室

図 4-3　部活動守護・地頭のロゴマーク

　これまでに部活動守護から以下のような情報が寄せられ、幕府（私）からツイッターで発信している。一例を挙げる。
○千葉の部活動守護②さんから
ある中学校の改革
月曜日の朝練はなし、水曜日は完全休養、日曜日はできるだけ休みにすることを、全顧問で確認し、練習計画を組むようにしています。ほとんどの顧問が実施しています。
○新潟の部活動守護さんから
新潟の情報ですが、県レベルで「運動部活動在り方検討委員会」が設置されたようです。
この件に関してマスコミ報道は今のところ見当たりません。
○沖縄の部活動守護さんから
本県の新聞でも教員の長時間勤務の現状が掲載されたので、具体的な策が打ち出されることを期待し、自分自身も行動します。
○埼玉の部活動守護さんから

働き方改革をしていくことを校長会で確認した市があります。部活も教員の残業の大きな要因になっているとの見解も示しています。具体的には教員の時間外労働の時間が100時間を超えてしまったら、校長が罰せられるということらしいです。
○大阪の部活動守護さんから
今年度から、ある市の中学校は教育委員会の通知により、一斉に毎週木曜日をノー部活動デー（部活休養日）、19時一斉退庁日にしたそうです。昨年12月に始まった大阪府の学校の動向に連動しています。

　この取り組みはまだ始まったばかりである。どのように進展するかは未知である。

　以上が、部活動の改革に向けた動向である。
　全体としては、私の想定以上に改革は進んだと総括している。2015（平成27）年の暮れの段階ではここまで進展するとは想像できなかったからである。これは大臣を含め本件を真正面から取り上げてくれたこと、政府や企業の「働き方改革」が動き出していたこと等も関係しているが、何よりも現職の教員が声をあげて過酷な実態と改革案を訴えたことが大きかったと考えている。
　これらをふまえた上で、今後特に注目すべきポイントとしては『中学校学習指導要領解説　総則編』に部活動がどのように記述されるか、スポーツ庁が取り組むガイドラインの策定はどうなるか、部活動指導員・外部指導員がどの程度活用されるのかの3点である。私は2017（平成29）年を「部活動改革2年

目」と位置づけ、さらなる改革の進展を求めていくつもりである。

(2) 今後の改革の可能性

次に今後の改革の可能性を5つの視点で検討する。教員の顧問選択制、生徒全員加入制の廃止、学校から社会への全面移行、学習指導要領への記述、部活動指導員の定着の5点である。

①教員の顧問選択制は可能か？

私が顧問をしている部活問題対策プロジェクトでは、顧問の選択制を各学校で導入してもらうよう文部科学省に要望書とそれに賛同する皆さんの署名を提出した。文部科学省が全国の教育委員会に通知を出して各学校に助言指導してもらうようにとの要望である。残念ながらそのような通知はまだ出してもらっていない。今後はどうかと言うと文部科学省が出すことはないかもしれない。2016（平成28）年3月に届けてから1年以上経ってまだ出さないということは、出さないか出せないかである。私は出せないのではないかと推察している。理由は教育課程外のことに対して文科省は口を出すことはできないというスタンスをとっていると思われるからである。私は「学校教育の一環」と学習指導要領で記している以上は出せると考えているが、そうではないと考えているのだろう。確かに部活動の顧問は校務分掌に位置づけられている以上、その判断は校長であるから、校長が決断すれば出来ることである。

ではなぜ実現しないのかというと何十年もかかって出来上

がってきた仕組みを崩すのはそう簡単ではないからである。例えばもし私が校長なら、来年度から顧問就任は自由でいいですよとは直ぐには言えない。就任を拒否する先生が出た時に、代わりとなる先生はいるだろうか？ 廃部にしてしまっていいのか？ 顧問がいなくてもいいのなら、せめて部活動指導員は雇えないか？ と考えてしまうからである。他の学校がしていないのに、うちだけがなあと思ってしまうのではないか。もちろんこの考え方には悪しき横並び主義があるし、責任を取りたくないという気持ちが働いている。校長会の縛りもあるだろう。実態はそういうことだ。このしがらみを突破するのは容易なことではない。BDK（部活動だけ教員）をはじめとして部活動の指導は教員として当たり前という価値観があまねく行き渡っている世界で、校長が全員顧問制を廃止するとか、一人の教員が顧問の就任を拒否するというのは、大きな困難が伴うのである。

　その意味では、既に顧問の就任を拒否して成し遂げた先生には拍手を送りたい。おそらくかなり理論武装をしたのではないかと推察する。全員顧問制で成り立っていて、同調圧力が働いている職場環境では並大抵のことではないからである。あなたの生活は劇的に改善されたのかと言うと、そうではないかもしれない。部活動以外の業務も相当にあって、残業もやむなしという場合があるからである。

　率直に言って、一人の教員が顧問の就任を拒否しても、それはゴールではない。むしろそれで終わってしまう方が事態はよろしくない。なぜなら一人が拒否した分は誰か別の教員が担っているか、廃部になったか、外部指導員が導入されたかである

からである。全員顧問制が崩れたと喜んでいる場合ではない。あなたが救われたに過ぎないのだ。

　本当の意味で全員顧問制を崩すのであれば、複数同時に拒否を宣言する、できれば3、4人以上で一斉に、である。そうでなければ、あなたが拒否した分のしわ寄せが誰かにおしかぶさったままの状態が続く。来年度は部活動顧問就任の同時多発拒否を目指す。これが部活動改革3年目の戦略である。ただし校長と生徒を困らせないように手を打ってからにしてほしい。外部指導員を見つけてきて、部活動指導員に推薦するなどの配慮はしてほしいものである。

　同時多発を目指すためには仲間を探すしかない。同僚にいるだろうか？　同じ考えの同僚を見つけるのは困難かもしれない。そこで役に立つのが、部活問題プロジェクトのメンバーが提唱する「レッドシールキャンペーン」である。これは部活動改革に取り組みたい、顧問就任を拒否したいという意志表示として、教員室のデスクの端にレッドシールを貼っておくというものである。ツイッターで拡散した情報である。この表示の意味を知っている教員同士がいて相互に発見できれば、同時多発は可能となる。ただしこれも容易なことではない。レッドシールを貼った教員同士が職場で出会ったという事例を私は現時点で一例しか知らないからである。これはツイッターなどSNSを利用している教員が少ないというのが理由であろう。他に情報を拡散する手段を考えなければならないだろう。

　レッドシールの他にも同時多発の顧問拒否を実現する手立てはあるだろう。アイディアを共有して進めていくほかない。

　このように部活動改革は現場の地道な努力と、教育行政を動

かして進める方策と、教育界の内部ではこの両面から進めていかなければならない。さらには教育以外の分野の、いわば外部からの圧力、この３つの方向からのアプローチが必要である。本格的な改革というのは上と下、そして横からの三位一体で進めていくのが鉄則であると考えている。

②生徒全員加入制の廃止は可能か？
　部活動について学習指導要領には「生徒の自主的、自発的な参加により行われる部活動」と書かれている。参加しない自由もあるはずである。ところが全員が加入するように指導（強制）している学校がある。既に内田さんや中澤さんの文献でも取り上げられており、地域差もある。高校でも高１だけは全員加入という学校があるという。
　「生徒全員加入制」とも言うべきものだが、果たして廃止は可能だろうか？
　まずは可能か否かと言う問題ではなく廃止しなければならない制度である。
　全員加入が始まった歴史的経緯については既に述べたが、現在でもなぜ学校は生徒に強制加入させているのだろうか。教育課程外でありながら強制する理由は、一言で言えば教育的意義があるからということになる。実際に部活動の意義を十分に享受して学校生活を送る生徒が多いのも事実である。ただしそれは全員が一律に課せられるものではないはずである。また、学校ではなく外部の機関で活動したい生徒はどうなるのだろうか。例えばＪリーグのユースに所属している選手、バイオリンをプロに教わっている生徒などである。そのような生徒にも強制し

ている学校があるというから驚く。学校によっては外部の機関で活動する生徒だけを集めた「部」があるという。そこまでして全員加入させているという形を取りたいのはなぜだろうか。そこには予算に関わる問題もあるようである。部活動を推進する中学校体育連盟などの団体には生徒の人数分の分担金が支払われるという。したがって建前上全員が受益者になるというわけである。

　なお、この問題には学習指導要領の最低基準性も関係していると私は考えている。学習指導要領は1958（昭和33）年に告示という形をとってから法的基準性があるものとされてきたが、それが具体的にどのような基準なのかが問われたことがある。いわゆる「ゆとり教育」に関連して学力低下問題がさかんに議論された頃のことである。（ちなみに、ゆとり教育という言葉は文部科学省が自らの施策を説明する際に用いたことはない）

　以前には、例えば高校入試で出題された問題のうち奇問難問に相当するものが「中学校学習指導要領の範囲を逸脱している」と進学塾等が指摘することがあった。文部省（当時）も同様である。「逸脱」ということは、学習指導要領というものは学習する内容範囲の最大基準（maximum）であると認識されていたのである。もしくは大綱的な基準として捉えられていたものであった。

　ところが、学習内容を大幅に減らした1998（平成10）年告示の学習指導要領告示後に、世間では学力低下論（「ゆとり教育」批判）が巻き起こり、遠山敦子大臣（当時）が2002（平成14）年に「学びのすすめ」を発表するなど、学力は低下しないと躍起になって説き始めたのである。その一環として学習

指導要領は学習する内容の最低基準（minimum）であると説明したのである。学習指導要領に示す事項は「いずれの学校においても取り扱わなければならない」もので「示していない内容を加えて指導することもできる」というわけである。そうすれば学力は低下せず維持されると。これは学習指導要領全体に関わる位置づけの変更（文部科学省は変更ではないというのが公式見解）であるから、教科だけではなく教科外の活動を含めて全てに関係してくる。

　次の2008（平成20）年告示の学習指導要領から「学校教育の一環」であると記された部活動は、学習指導要領の最低基準性に従って、全ての学校において全ての生徒に活動させるものとして捉えられた面もあるのではないか。その際「自主的、自発的な参加」も最低基準となり「内容を加えて指導できる」わけであるから全員必修という解釈をしているのではないだろうか。まさに骨抜きの方策である。学習指導要領に関わるだけにこの問題は厄介である。部活動は実態だけが一人歩きした不思議な世界である。

　末尾に、自主的と自発的、後で述べる主体的の違いを明らかにしておこう。いずれも「的」を「性」に変えた3種を含め6種を辞書（三省堂『大辞林』WEB）で調べると以下のようになる。似ているようで微妙に異なる概念であることがわかる。

　　　自主的「他人の干渉や保護を受けず、自分から進んで行動するさま」
　　　自発的「他からの命令などによらず、自分から進んで事を行うさま」
　　　主体的「自分の意志・判断によって行動するさま」

自主性「自分の判断で行動する態度」
　　　自発性「他からの影響・教示などによるのでなく、自分
　　　　　　から進んで事を行おうとすること」
　　　主体性「自分の意志・判断によって、みずから責任をもっ
　　　　　　て行動する態度や性質」
　辞書的な意味で考えれば、部活動への加入が学校から干渉されず命令されないことは自明であろう。「自主的、自発的」とは名ばかりの状況は好ましくない。即刻廃止すべき制度である。この判断は各学校で出来るものである。

③学校から地域への全面移行は可能か？
　部活動に休養日を設けることを指針や基準として定める方策、顧問の選択制を認め希望する教員のみで支える方策は現状の枠組みの範囲内での改革である。それに対して枠組みそのものを根本的に変えるという方策もある。

　それは学校から部活動を完全に切り離して、社会教育機関や民間企業、NPOが担う形に全面移行するという考え方である。メリットとしては教員の負担が一切なくなることである。ただし、実現できるのは自治体に予算的な余裕がある地域、指導者が豊富にいる地域に限られるのが難点である。まして過疎地や離島などでは無理であり、全国一律というわけにはいかないのではないか。

　この方策のデメリットは受益者負担になることで、指導を受ける生徒の保護者に金銭的な負担が増える点である。そうなると家庭の経済格差の影響を受けることになり、参加したくても参加できない生徒が出る可能性がある。既に学力と経済格差の

相関が指摘されているが、部活動にも波及することになる。

　なお、この仕組みの場合、部活動に意義を感じていて引き続き勤務時間外に参加したい教員は、教員の肩書きではなく、管轄運営主体の団体と契約して指導者になる途は保障される。ボランティアで担うのか対価を受け取るかは契約による（当然兼業になるため、規定に従って事前に許可を得ることは必要である）。部活動を喜んで担いたいという教員は一定数存在するから、そのような教員のニーズもある程度は満たすことができる。

　この仕組みでは部活動を学校から完全に切り離すことにより、教育的意義を有する活動を手放すことになってしまうというデメリットもある。

④部活動指導員の定着は可能か？

　文部科学省は学校教育法施行規則を一部改正し、部活動指導員を学校職員にすることができる制度を開始した。この制度はうまく定着するだろうか？

　まず、部活動指導員は既に導入している地域もある外部指導員とは異なることに留意したい。学校職員であるから、いわば内部指導員である。職員であるから自治体が雇用することになる。この点を誤解しないようにしたい。

　この制度を始めるにあたって2017（平成29）年3月14日にスポーツ庁次長、文化庁次長、文部科学省初等中等教育局長が連名で「学校教育法施行規則の一部を改正する省令の施行について（通知）」を各都道府県教育委員会教育長等に出し周知徹底を図った。本書執筆時の2017（平成29）年5月時点で文科省が部活動の指導に関して言及している最新の情報であるた

め、長くなるが以下に全文を引用する。

第1　改正の概要
　本改正は、学校におけるスポーツ、文化、科学等に関する教育活動（学校の教育課程として行われるものを除く。）に係る技術的な指導に従事する部活動指導員について、その名称及び職務等を明らかにすることにより、学校における部活動の指導体制の充実が図られるようにするものであること。

第2　留意事項
1　部活動指導員の職務
　（1）部活動指導員は、学校の教育計画に基づき、生徒の自主的、自発的な参加により行われるスポーツ、文化、科学等に関する教育活動（学校の教育課程として行われるものを除く。）である部活動において、校長の監督を受け、技術的な指導に従事すること。
　（2）部活動指導員の職務は、部活動に係る以下のものが考えられること。なお、部活動指導員が置かれる場合であっても、これらの職務を教諭等が行うことを妨げるものではないこと。
・実技指導
・安全・障害予防に関する知識・技能の指導
・学校外での活動（大会・練習試合等）の引率
・用具・施設の点検・管理

・部活動の管理運営（会計管理等）
・保護者等への連絡
・年間・月間指導計画の作成
　部活動指導員が作成する場合は、学校教育の一環である部活動と教育課程との関連を図るためなど必要に応じ教諭等と連携して作成し、校長の承認を得ること。
・生徒指導に係る対応
　部活動指導員は、部活動中、日常的な生徒指導に係る対応を行うこと。いじめ暴力行為等の事案が発生した場合等には、速やかに教諭等に連絡し、教諭等とともに学校として組織的に対応を行うこと。
・事故が発生した場合の現場対応
　部活動指導員は、事故が発生した場合は、応急手当、救急車の要請、医療機関への搬送、保護者への連絡等を行い、必ず教諭等へ報告すること。特に、重大な事故が発生した場合には、学校全体で協力して対応する必要があるため、直ちに教諭等に連絡すること。
（3）校長は、部活動指導員に部活動の顧問を命じることができること。また、教諭等の顧問を置かず、部活動指導員のみを顧問とする場合は、当該部活動を担当する教諭等を指定し、上記（2）にあるように年間・月間指導計画の作成、生徒指導、事故が発生した場合の対応等の必要な職務に当たらせること。
（4）部活動指導員は、当該部活動の顧問である教諭等や上記（3）の部活動を担当する教諭等と、日常的に指導内容や生徒の様子、事故が発生した場合の対応等について

情報共有を行うなど、連携を十分に図ること。

2　部活動指導員に係る規則等の整備
　学校の設置者は、部活動指導員に係る規則等を整備すること。当該規則等には、部活動指導員の身分、任用、職務、勤務形態、報酬や費用弁償、災害補償、服務及び解職に関する事項等必要な事項を定めること。
　なお、災害補償については、地方公共団体において部活動指導員を非常勤職員として任用する場合、労働者災害補償保険法（昭和22年法律第50号）第3条第2項により、労働者災害補償保険の適用となることに留意すること。

3　部活動指導員の任用
　部活動指導員の任用に当たっては、指導するスポーツや文化活動等に係る専門的な知識・技能のみならず、学校教育に関する十分な理解を有する者とすること。

4　部活動指導員に対する研修
　学校の設置者及び学校は、「運動部活動での指導のガイドライン」（平成25年5月）等を踏まえ、部活動指導員に対し、事前に研修を行うほか、その後も定期的に研修を行うこと。研修においては、部活動が学校教育の一環であること等部活動の位置付けや部活動が生徒の学習意欲の向上や責任感、連帯感の涵養等に資するものであること等教育的意義のほか、学校全体や各部の活動の目標や方針を熟知すること、生徒の発達の段階に応じた科学的な指導を行

うこと、安全の確保や事故発生後の対応を適切に行うこと、生徒の人格を傷つける言動や体罰が禁止されていること、服務（部活動指導員が校長の監督を受けることや生徒、保護者等の信頼を損なうような行為の禁止等）を遵守すること等について、十分に理解させること。

5　生徒の事故への対応
　学校の管理下において部活動指導員が部活動の指導を行った際に生徒に負傷等の事故が発生した場合であっても、独立行政法人日本スポーツ振興センターの災害共済給付制度の適用となること。

6　適切な練習時間や休養日の設定
　学校の設置者及び学校は、部活動指導員による指導を行う場合であっても、適切な休養を伴わない行き過ぎた活動は、生徒における様々な無理や弊害を生むことから、「平成28年度全国体力・運動能力、運動習慣等調査の結果の取扱い及び活用について」（平成29年1月6日付け28ス庁第540号）も踏まえ、練習時間や休養日を適切に設定すること。なお、文部科学省においては、平成29年度に部活動に関する総合的な実態調査等を行い、平成30年3月末を目途に、スポーツ医・科学の観点や学校生活等への影響を考慮した練習時間や休養日の設定を含む「運動部活動の在り方に関する総合的なガイドライン（仮称）」を策定することとしていること。

7　生徒、保護者及び地域に対する理解の促進
　学校の設置者及び学校は、部活動に対する生徒や保護者、地域の関心が高いことから、部活動指導員の配置に当たっては、事前に情報提供を行うなど、生徒や保護者等の理解を得るよう努めること。また、学校の設置者は、部活動指導員の確保に資するため、地域の体育協会、スポーツ団体及びスポーツクラブ等との連携を積極的に図ること。

第3　施行期日
　本施行通知に係る省令については、平成29年4月1日から施行することとしたこと。

　この制度がうまく機能すれば、部活動指導員が部活動の指導を行うことになるから、教員が顧問を担わなくてもよい状況が生まれ、教員の過重負担は大きく軽減されることが期待できる。それにしても、第2の1（2）を見るとわかるように、部活動の指導には実技指導、安全・障害予防に関する知識・技能の指導、学校外での活動（大会・練習試合等）の引率、用具・施設の点検・管理、部活動の管理運営（会計管理等）、保護者等への連絡、年間・月間指導計画の作成、生徒指導に係る対応、事故が発生した場合の現場対応、という業務があり、現時点では教員が全て担っていることがわかる。これだけの業務を担ってくれる人材がいれば有り難いだろう。
　そして、部活問題対策プロジェクトが求めてきた顧問選択制が各学校において導入できることになる。ただし、よく読むと

諸手を上げて喜べない箇所もある。第2の1（3）の「校長は、部活動指導員に部活動の顧問を命じることができること。また、教諭等の顧問を置かず、部活動指導員のみを顧問とする場合は、当該部活動を担当する教諭等を指定し、上記（2）にあるように年間・月間指導計画の作成、生徒指導、事故が発生した場合の対応等の必要な職務に当たらせること。」の部分である。

　教員の顧問を置かずに部活動指導員のみを顧問とする場合には、当該部活動の担当教員がいなければならないとしているのである。つまり顧問という名前ではなくなるものの教員を部活動の担当に割り当てること自体は変わらないのである。全員顧問制とは言わなくても全員担当制として、今の仕組みを堅持する学校が出てくるだろう。

　この制度がうまく運用されるためには、部活動指導員に適切な報酬が支払われること、部活動指導員の質を担保することが重要である。これは部活問題対策プロジェクトがパブリックコメントで要望していた点でもある。

　前者については、自治体が予算的裏付けを保障できるのかどうかが鍵となる。現在でも外部指導員制度を設け予算を確保しているところと、そうでないところがある。これと同じことが起こるのではないかと予想している。つまり予算を理由に、この制度を活用しない自治体が多いのではないか。

　後者については当該種目に関する知識・技能だけでなく、学校教育に対する理解が必要である。教員以上に過酷な練習をするような事態にならないよう注視する必要がある。通知文には研修の必要性についても触れられているが、資質・能力については可能な限り公的に証明できるような形にしておくことが望

ましいと考える（国家資格を作ったらどうかという考えもあるようだ）。また、任用にあたっては教員免許保有者や、各種目に関連する公的資格取得者に限るなど、一定の歯止めを設けることが望ましいと考える。

　以上のように、部活動指導員の制度が定着するかと問われれば、そう簡単ではないというのが私の答である。

（3）持続可能な部活動へ向けた展望

　以上5つの視点で改革の可能性を検討した。どれも一筋縄ではいかない課題である。

　次に、現時点（2017年5月）で私が考える部活動改革の具体的な方策を述べる。（この項は拙稿「教員の職務の過重負担とその要因について　―部活動を題材に―」、「学習院大学　教育学・教育実践論叢第3号」2017年、pp.95–110を初出とし一部加筆修正した。）

①「多治見方式」から学ぶ

　部活動の学校から社会への全面移行は難しいものの、教員の過重負担の解消だけを考えれば理想的な改革案ではある。ただしデメリットとして教育的意義のある活動を学校が手放すということがあった。

　教育的意義のある部活動を学校に残しつつ、それでいて教員の過重負担を減らす方策はないだろうか。それは、部活動そのものは学校に残すものの教員の勤務時間内とし、それ以外は外部で行うという折衷案であり、岐阜県多治見市で実施している

取り組みである。多治見市では教育委員会がガイドラインを設け「中学生を中心としたジュニア期は、学校教育の部活動と社会教育のクラブ活動に分けて組織」している。(多治見市ホームページ「ジュニア期のスポーツ活動」ガイドライン)http://www.city.tajimi.lg.jp/kosodate/sports/jyuniaki.html

　そして「部活動(学校教育活動)」は「中学校において、同好の生徒をもって組織し、共通の興味や関心を追求する活動で、学校の管理下において行われるもの」と定義し、活動時間は「(1) 課業期間中の平日の下校時刻まで (2) 長期休業中の8時～17時の間」と規定している。一方「ジュニアクラブ活動」は「中学校の部活動にある種目をもとに、中学校区を基本単位として保護者や地域の社会人によって設置され、部活動を充実させることを基本目的とする活動」と定義し、活動時間は「(1) 平日の下校時刻以後 (2) 土・日・祝日」と規定して明確に両者を分けている。この方式により教員の負担は軽減されている。この取り組みは今の制度下でも自治体ごとに実現可能であり興味深い。

②発展型としてのクラブ活動の導入

　多治見市の方法はかなり有効である。それでもなお学習指導要領上の位置づけが曖昧な部活動そのものは学校に残ることになる。学校内に教育的意義のある活動が担保され、教員の時間的な負担が少なく、さらには教育課程上の曖昧さが払拭された案はないか。

　これを踏まえた私の提案は、中高において「必修のクラブ活動」を復活させることである。多治見市の取り組みの部活動の

部分をクラブ活動に置き換えるのである。具体的には週1時間（年間35時間）を活動時間として学校教育の教育課程内（特別活動）に位置づける。活動時間は小学校のクラブ活動と同様、教員の勤務時間内で確実に終了するものとする。例えば15時に6時限目の授業が終わる学校では7時限目に設定し16時に終了するようにする。一見負担が大きいように見えるが、週1回の実施であるから生徒も教員も大幅な負担減である。現在の部活動が全て外部化されるからである。内田さんの「ゆとり部活動」と考え方は同じであるが、部活動を必修クラブ活動に置き換えた点が異なる。

　またこれも小学校と同様に活動計画は全て生徒が立案し、実行と運営も生徒が主体的に行う趣旨の特別活動である。教員は教育課程内である以上、全員分担して顧問として関わるものの技術的指導者であることは要求されない。この活動を通して生徒の主体的な活動を保障し生徒指導の機能も発揮する。かつ完全に外部化した部活動との橋渡しをするのである。全生徒がクラブを体験できる機会を保障するとともに、教員から部活動業務を一切なくすことになり（勤務時間外に外部団体で指導者をする教員は別）、これにより過重負担は大きく改善する。

　同時に、位置づけが曖昧な部活動とは異なり、教育課程内の特別活動として全教員が責任をもって指導にあたることになる。また、部活動と異なり全生徒が参加することになるため「スポーツや文化及び科学等に親しませ、学習意欲の向上や責任感、連帯感の涵養等に資するもの」という学習指導要領の趣旨（と最低基準性）にも確実に合致するものとなる。

　ちなみに、小学校学習指導要領に記述されたクラブ活動の内

容は以下の通りである。繰り返しになるが重要なので引用する。

　2 内容
　　1の資質・能力を育成するため、主として第4学年以上の同好の児童をもって組織するクラブにおいて、次の各活動を通して、それぞれの活動の意義及び活動を行う上で必要となることについて理解し、主体的に考えて実践できるよう指導する。
（1）クラブの組織づくりとクラブ活動の計画や運営
　　児童が活動計画を立て、役割を分担し、協力して運営に当たること。
（2）クラブを楽しむ活動
　　異なる学年の児童と協力し、創意工夫を生かしながら共通の興味・関心を追求すること。
（3）クラブの成果の発表
　　活動の成果について、クラブの成員の発意・発想を生かし、協力して全校の児童や地域の人々に発表すること。
（文部科学省「小学校学習指導要領」2017年、p.167）

　小学校のクラブ活動で実施している児童の主体性を育む特別活動をモデルにしながら中学・高校の教育活動を再構築したらどうだろうか。
　特別活動に力を入れて取り組んでいる東京の八王子市立弐分方小学校では、クラブ活動の担当教員（「顧問」とは言わない）は敢えて教員の経験した種目以外のものを割り当てているという（清水弘美校長の話）。なぜかと言えば、教員が経験し

た種目であると専門的になりすぎて良くない、必要以上に指導してしまい児童の主体的な活動にならないのだそうだ。クラブ活動の技術的な指導は教員の役割ではないという考え方に基づいている。このような指導体制で、徹底して児童の主体的な活動にしようとしている。まさに特別活動だ。

③段階的な改革プログラム

以上の方策は段階的に改革すると捉えることも可能である。段階（フェーズ）を設定すると次の表3のようになる。

表4–2　段階的な部活動改革プログラム（長沼案）

フェーズ1	休養日の設定
フェーズ2	外部指導員の確保
フェーズ3	顧問の選択制の導入
フェーズ4	外部団体の組織化または企業支援の導入
フェーズ5	勤務時間内の部活動＋それ以外の活動の外部化（多治見方式）
フェーズ6	部活動の学校教育からの切り離しと必修クラブ活動の復活

どのフェーズも近接する2段階は同時に（一気に）進めることは可能である。自治体ごと、学校ごとに地域の特性や実態に適合させて創意工夫をしながら、最も適した方策で改革をすることが必要ではないだろうか。

④今後の展望

文部科学大臣から中央教育審議会への諮問文「初等中等教育における教育課程の基準等の在り方について」（2014年）には「アクティブ・ラーニング」という語が4回登場し、学習指導要領改訂の目玉ともくされた。一種のブームのような状況を呈

し、アクティブ・ラーニングの語がタイトルに入った書籍の出版が相次いだ。しかし中央教育審議会の議を経て学習指導要領が告示されてみれば、この語は完全になくなり「主体的・対話的で深い学び」という表現にとって代わられた。カタカナ語の曖昧さを行政が嫌ったというのが本質のようである。にしても「主体的」と「対話的」は良いとして「深い学び」とは何だろうか？

そこで末尾に、部活動における「主体的・対話的で深い学び」とは何かを考えて本書の幕引きとしよう。

(a) 部活動における主体的な学び

教育課程の全体を通じて3種の学びを重視するということは、教科の学習においても主体的な学びが起こるような授業を開発することになる。部活動だけが依然として勝つ論理（軍隊の論理）に基づく命令・統制型の活動でよいはずはない。学校教育の一環である以上は、主体的な学びを重視する活動にしなければならない。

では部活動における主体的な学びとは何か。先にも述べたが「主体的」とは「自分の意志・判断によって行動するさま」であり、「主体性」とは「自分の意志・判断によって、みずから責任をもって行動する態度や性質」のことである。主体的な学びによって主体性を育むと捉え、責任をもって行動する態度を養うようにしたい。自分の意志と判断による行為なのであるから、自分たちの活動の目的と目標の設定、年間の計画、一回ずつの活動内容・方法の計画立案と実行、振り返りと再設計までの一連の流れを全て生徒たちの手で行うのである。これは神谷拓さ

んの言う結社の自由を生かした活動でもあるし、中澤篤史さんの提案する「楽しむ活動」とも基本的には同じ考え方である。

　つまり、特別活動のように実施するということである。確かに部活動は特別活動のクラブ活動とは兄弟関係にある。必修として取り込まれた時は、内在している教育的意義・価値を最大限に生かすように設計されたはずである。現在でも小学校では必修のクラブ活動が継続しており、児童たちが自ら計画から実行、振り返りを主体的に行うようにしている。どのようなクラブを作るか？　から始める学校もある。主体的であり自治的でもある。

　小学校のクラブ活動をお手本に部活動を再構築したらどうか？　というのが私の提案である。中央教育審議会答申（2016年12月）の別添資料で示されたクラブ活動の学習過程のイメージ（p.102）は以下の通りである。

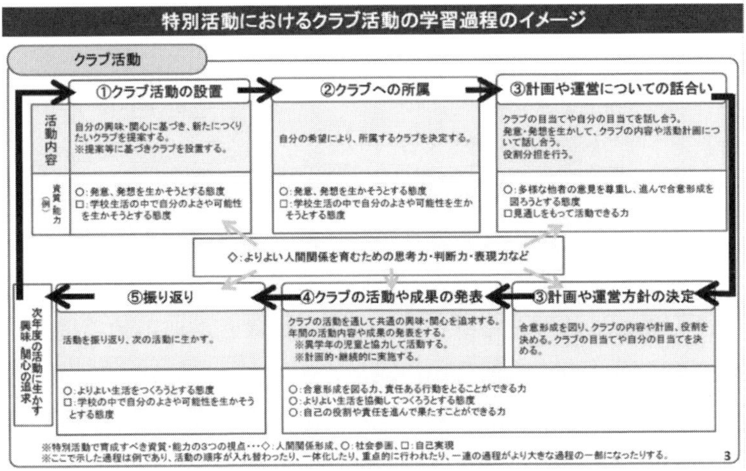

図 4–4　クラブ活動の学習過程
（出典：中央教育審議会答申（2016 年 12 月）別添資料 p.102）

　これを見るとわかるように、児童の発意、発想を生かしてクラブの設置提案から始まるのである。まさに主体的である。ここで特に重視したいのは「意思決定」をする機会の保障と、そのための適切な助言である（ここでは意志ではなく意思のほう）。集団で行動し、考えを深めながら、自分がどうするのか？　与えられた役割をどのように遂行していくのか等について、意思をもって決定していくことを実践し、経験させることである。これこそが特別活動の醍醐味である。

　このような学習活動を助言・指導する教員の役割は文字通りの顧問である。命令・統制型の指導者ではない。学校教育で行う以上は、このような教育的意図を込めた内容・方法にしなければならない。もしこれまでと同じ命令・統制型で選手育成を

したいのであれば、それは学校ではなく地域の団体を起こして実践してもらいたい。

(b) 部活動における対話的な学び

　上記のような趣旨、ねらい、内容、方法、学習過程の教育活動であれば、当然のことながら対話的な学びになる。話し合って、意見を調整し、決定し、実行する過程の中に対話をする場面は山ほどあるからである。ここで大切にしたいのは「民主的な合意形成」をする機会の保障と、そのための適切な助言である。一口に合意形成と言っても民主的に実践しようとすると結構難しい。出てくる意見は同じとは限らないし、意見が沢山出た時にどのように集約していくのかについては方法が複数あるからである。まさに自分たちで主体的に決定していく過程で合意形成は避けて通れない。しかしこれは社会に出た時に最も必要なスキルでもある。合意形成するためには思考力・判断力・思考力が必要であり、人間関係形成能力も求められる。このようなスキルは生徒に最初から備わっているわけではない。むしろ実践しながら経験しながら失敗もしながら、社会に出た時に必要なスキルを、部活動を通して身につけさせるのである。社会に出た時に必要なスキルを獲得させるというのはこれまでの部活動でもあった。挨拶、礼儀、チームワークなど挙げれば沢山出てくる。その延長線上に「民主的な合意形成」を位置づけ、学びの機会としたい。

　このような学習における教員の役割はファシリテーター（Facilitator）（促進する人）である。教える人（Teacher）ではない。どのように助言するのかは意外に難しい。主役は生徒だ

からである。命令して従わせるのは簡単であるが、生徒が活躍するのを側面から促進するのは、教員の側にもスキルが必要である。

　私は教員というのはTeacherではなく「学びの総合プロデューサー」だと主張している。教えるプロから学びのプロへ。教員観、教育観も見直して考えたいものである。

(c) 部活動における深い学び

　上記で挙げた「意思決定」と「民主的な合意形成」を重視した学びを実践すれば、特別活動における深い学びにつながる。部活動も特別活動の理念を最大限に生かした深い学びを目指したい。深い学び、それは生き方に直結する学びであると私は考える。

　部活動ではこれまで連帯感、達成感、成就感、自己肯定感、自己有用感など「感」が付くものを育んできたのではないか。感動の世界である。だからこそ部活動は学校教育からなくならず、教育的意義があるものとして君臨してきたのである。この良さを失わないためには、命令・統制型の指導をやめ特別活動と同じ理念をもった主体的で対話的な学びを実践することである。

　感に触れる、感性を育む、感動する場面が生き方に直結する学びである。人が成長・発達する時、より良く変わる時、それは感の時である。感情が揺さぶられ、自らの生き方を考えることで人は変わっていく。これが深い学びである。特に思春期・反抗期・発展期の中学生・高校生だからこそ、深い学びができるチャンスだと捉えて指導助言したらどうだろうか。

おわりに

　本書を執筆してみて思ったことがある。私は部活動が大好きなのだと。思えば人生に影響を与えたボランティアも高校の部活動だった。
　そんな部活動が改革を迫られているし、現に改革が始まっている。私も渦中にいる。2020年の東京オリンピック・パラリンピック開催を控えて、改革がどのように進展していくかは未知数である。本書のいくつかでもそのための役に立てば幸いである。
　それにしても30代の先生方（部活問題対策プロジェクト）の思いや願いやこだわりを受け止めて、自分が当たり前だと思っていたことが違っていたと気づかされた時には、コペルニクス的転回だった。若い人の声に耳を傾け、柔軟に考えることも大切である。常に学んでいる。

　内田良さんのネットの発信には破壊力と浸透力がある。
　中澤篤史さんの文献は情報の宝庫でいつも参考になる。
　批判にも負けずにブログを書き続けている真由子さんの熱意は凄い。

法律に精通した神原楓さんの理論立ては精緻で隙が無い。
　藤野悠介さんのブログは情報量満載で思いが伝わってくる。
　ゆうけんさんの考え抜かれたコメントには説得力がある。
　闘う中村由美子（Y子）さんはいつも頼もしく、そして優しい。
　小阪成洋さんの吸収力は個性あふれるメンバーの柔軟剤になっている。
　問題意識を共有している皆さんのSNSによる発信からはいつも知恵と知識をもらっている。

　素敵なメンバーとの出会いからも勇気づけられた2016年だった。2017年はKMK（顔の見える関係）で部活動改革を進展させる年である。

　妻は剣道2段である。中・高・大と部活動で取り組み、教員になってからはずっと顧問をしてきた。長女は中・高・大と文芸部で活躍し、高校時代には某社主催のコンクールの小説部門で入賞したこともある。長男は中・高と美術部で活躍し、コンクールで入賞、上野の美術館に絵が飾られたこともある。大学でも美術部である。次男はサッカー部で活躍し、一年生の後半からはレギュラーにもさせてもらっている。今は怪我で苦しんでいるが、自分の好きなことをしているという充実感があり真面目に取り組んでいる。なんだ、部活動一家ではないか。
　家族と言えば、大型連休中は山荘にこもって本書の執筆、つまり「部活動」のために家族サービスは一切なし。大型連休中はずっと部活動のために出勤した先生方と同じである。反省。
　末尾に、企画段階から校正に至るまで全ての面でお世話に

なったひつじ書房の松本功社長にこの場を借りて御礼を申し上げる。

2017（平成29）年5月7日　大型連休の終わりに軽井沢にて

著者

■著者の紹介

　学習院中等科教諭を経て 1999 年 4 月から学習院大学教職課程助教授。その後准教授・教授を経て 2013 年 4 月から教育学科教授。教育学科の立ち上げにかかわる。大阪大学大学院人間科学研究科博士後期課程修了、博士（人間科学）。特別活動、部活動、ボランティア学習、シティズンシップ教育を中心に研究を進める。（著書は奥付で紹介）

　文部科学省「中学校学習指導要領」作成協力者会議（中学校特別活動）委員（2008 年）、国立教育政策研究所「評価規準、評価方法等の研究開発に関する検討委員会（小学校特別活動）」委員・副座長（2010 年）、板橋区教育委員会第三者評価委員（2015 年～）などを歴任。

　現在は日本特別活動学会会長、部活問題対策プロジェクト顧問、日本シティズンシップ教育フォーラム監事などを務める。

　全国各地で講演やワークショップを行う。自称「ボランティア学習仕掛人」。趣味は水泳、鎌倉歩き、特撮番組の鑑賞。特技は姓名占い。似ているといわれる有名人は多数。

　サイトは http://naganuma55.jimdo.com/

【著者紹介】

長沼 豊(ながぬま ゆたか)

学習院大学教授。文学部教育学科で教員養成に携わる。
著書は『改訂第2版 特別活動概論』(久美、共編著、2014年)、『社会を変える教育 Citizenship Education―英国のシティズンシップ教育とクリック・レポートから―』(キーステージ21、共編著、2012年)、『実践に役立つボランティア学習の基礎理論』(大学図書出版、2010年)、『新しいボランティア学習の創造』(ミネルヴァ書房、2008年)、『親子ではじめるボランティア―社会性を育てるきっかけづくり―』(金子書房、編著、2003年)、『市民教育とは何か―ボランティア学習がひらく―』(ひつじ書房、2003年)など多数。

部活動の不思議を語り合おう
Let's Discuss Wonders of Extracurricular Club Activities
NAGANUMA Yutaka

発行	2017年8月10日 初版1刷
定価	1200円+税
著者	© 長沼豊
発行者	松本功
装丁者	iMat
カバーイラスト	飯山和哉
印刷・製本所	株式会社 ディグ
発行所	株式会社 ひつじ書房
	〒112-0011 東京都文京区千石2-1-2 大和ビル2階
	Tel.03-5319-4916 Fax.03-5319-4917
	郵便振替 00120-8-142852
	toiawase@hituzi.co.jp http://www.hituzi.co.jp/

ISBN978-4-89476-882-6

造本には充分注意しておりますが、落丁・乱丁などがございましたら、小社かお買上げ書店にておとりかえいたします。ご意見、ご感想など、小社までお寄せ下されば幸いです。

ひつじ市民新書 002
市民教育とは何か
長沼豊著　定価 695 円＋税

いま、大学で何が起こっているのか
日比嘉高著　定価 1,500 円＋税

これからの英語教育の話をしよう
藤原康弘・仲潔・寺沢拓敬編　定価 1,350 円＋税

外国人労働者受け入れと日本語教育
田尻英三編　定価 1,700 円＋税

手話を言語と言うのなら
森壮也・佐々木倫子編　定価 1,300 円＋税

ひつじ英語教育ブックレット　1
英語教育、迫り来る破綻
大津由紀雄・江利川春雄・斎藤兆史・鳥飼玖美子著　　定価 952 円＋税

ひつじ英語教育ブックレット　2
学校英語教育は何のため？
江利川春雄・斎藤兆史・鳥飼玖美子・大津由紀雄著
対談　内田樹×鳥飼玖美子　　定価 1,000 円＋税

ひつじ英語教育ブックレット　3
「グローバル人材育成」の英語教育を問う
斎藤兆史・鳥飼玖美子・大津由紀雄・江利川春雄・野村昌司著
鼎談　養老孟司×鳥飼玖美子×斎藤兆史　　定価 1,200 円＋税

ひつじ英語教育ブックレット　4
英語だけの外国語教育は失敗する　複言語主義のすすめ
鳥飼玖美子・大津由紀雄・江利川春雄・斎藤兆史著
座談会　林徹×鳥飼玖美子×大津由紀雄×斎藤兆史　　定価 1,200 円＋税